Evandro Carlos Teruel

ITIL v3 atualizado em 2011:
conceitos e simulados para certificação
ITIL Foundation e teste de conhecimento

ITIL v3 atualizado em 2011: conceitos e simulados para certificação ITIL Foundation e teste de conhecimento
Copyright© Editora Ciência Moderna Ltda., 2014

Todos os direitos para a língua portuguesa reservados pela EDITORA CIÊNCIA MODERNA LTDA.

De acordo com a Lei 9.610, de 19/2/1998, nenhuma parte deste livro poderá ser reproduzida, transmitida e gravada, por qualquer meio eletrônico, mecânico, por fotocópia e outros, sem a prévia autorização, por escrito, da Editora.

Editor: Paulo André P. Marques
Produção Editorial: Aline Vieira Marques
Assistente Editorial: Dilene Sandes Pessanha
Capa: Daniel Jara
Diagramação: Daniel Jara
Copidesque: Equipe Ciência Moderna

Várias **Marcas Registradas** aparecem no decorrer deste livro. Mais do que simplesmente listar esses nomes e informar quem possui seus direitos de exploração, ou ainda imprimir os logotipos das mesmas, o editor declara estar utilizando tais nomes apenas para fins editoriais, em benefício exclusivo do dono da Marca Registrada, sem intenção de infringir as regras de sua utilização. Qualquer semelhança em nomes próprios e acontecimentos será mera coincidência.

FICHA CATALOGRÁFICA

TERUEL, Evandro Carlos.

ITIL v3 atualizado em 2011: conceitos e simulados para certificação ITIL Foundation e teste de conhecimento

Rio de Janeiro: Editora Ciência Moderna Ltda., 2014.

1. Administração Empresarial - Gerência 2. Informática
I — Título

ISBN: 978-85-399-0557-7   CDD 658-4
                                             004

Editora Ciência Moderna Ltda.
R. Alice Figueiredo, 46 – Riachuelo
Rio de Janeiro, RJ – Brasil   CEP: 20.950-150
Tel: (21) 2201-6662/ Fax: (21) 2201-6896
E-MAIL: LCM@LCM.COM.BR
WWW.LCM.COM.BR   **07/14**

Fabricantes

ITIL® (Information Technology Infrastructure Library) foi desenvolvida pelo CCTA (Central Computer and Telecommunications Agency) e incorporada em 2001 ao OGC (Office of Government Commerce) que hoje é responsável pela evolução e divulgação da ITIL.

Fone do Service Desk ITIL: +44 (0) 1494 458 958.

Site: http://www.itil-officialsite.com/

ITIL® is a Registered Trade Mark of the Office of Government Commerce (OGG) in the United Kingdom and other countries.

Dedicatória

À minha esposa, Ângela e aos meus filhos, Pedro Henrique e Ana Luiza, que foram compreensivos nos períodos de ausência em que me dediquei à pesquisa e ao trabalho.

Aos meus sogros, Iracema e Jorge e a meus pais, José e Aparecida.

Ao meu tio, Pedro Domingos Teodoro, que pelo exemplo me levou a seguir carreira na área de informática.

Agradecimentos

Aos colegas gestores e professores da diretoria dos cursos de Informática da UNINOVE.

Ao Prof. Charles Pereira Niza, sócio do centro de treinamento para certificações ITPASSPORT, pelo curso que me permitiu tirar a certificação ITIL® Foundation.

Aos professores da Escola Técnica Estadual de São Paulo (ETESP).

"Educa a criança no caminho em que deve andar; e até quando envelhecer não se desviará dele."

Provérbios 22:6

Sobre o autor

Evandro Carlos Teruel é formado em Tecnologia em Processamento de Dados. É especialista em Projeto e Desenvolvimento de Sistemas para Web e também em Segurança da Informação. Fez mestrado em Tecnologia na linha de pesquisa - Gestão da Tecnologia da Informação. É certificado ITIL Foundation.

Já atuou na área de desenvolvimento de software em empresa própria e atualmente é gestor e professor da Universidade Nove de Julho (UNINOVE) e professor da Escola Técnica Estadual de São Paulo (ETESP).

É autor de diversos livros na área de desenvolvimento para Internet.

Apresentação

Este livro apresenta as publicações, processos, funções e principais conceitos da ITIL® v3 atualizada em 2011 e um conjunto de simulados para preparar estudantes, profissionais de TI e autodidatas para a certificação ITIL® v3 Foundation. Pode ser utilizado também por pessoas e profissionais de TI que queiram testar seus conhecimentos sobre a ITIL® v3.

Conteúdo dos capítulos:
Capítulo 1 - ITIL®, suas publicações, processos e funções
Apresenta e descreve as publicações, processos e funções da ITIL.

Capítulo 2 - A importância da Certificação ITIL®
Apresenta a importância da certificação ITIL®, os vários níveis de certificação, modalidades de certificação, valores e locais autorizados para a realização dos exames.

Capítulos de 3 a 9 – Simulados
Apresenta 7 (sete) simulados similares ao exame de certificação. Ao final de cada simulado, apresenta o gabarito e a correção comentada, questão por questão.

Capítulo 10 – Termos técnicos e definições
Apresenta um glossário com os principais termos e definições utilizados nos simulados.

Introdução

A ITIL® (Information Technology Infrastructure Library) foi desenvolvida pelo CCTA (Central Computer and Telecommunications Agency) e incorporada em 2001 ao OGC (Office of Government Commerce) que hoje é responsável pela evolução e divulgação da ITIL®. Foi criada para ajudar a melhorar o nível de qualidade dos serviços de TI prestados ao governo britânico e, hoje, é utilizada mundialmente por empresas públicas e privadas de todos os tamanhos, como um conjunto de práticas de gerenciamento de serviços de TI testadas e comprovadas no mercado e organizadas, segundo uma lógica de ciclo de vida de serviço. A adoção das práticas da ITIL® ajuda a aumentar a qualidade na prestação de serviços de TI e permitir o uso eficaz e eficiente dos ativos estratégicos de TI com foco na integração com as necessidades dos usuários e clientes.

Há diversas obras que apresentam as publicações, processos, funções e conceitos da ITIL® v3 e auxiliam na preparação para a certificação ITIL® Foundation, porém, o que garante um bom resultado no exame de certificação é a realização de simulados. Este livro apresenta além das publicações, processos, funções e conceitos, sete simulados (280 questões) em que você poderá fazer e, em seguida, acompanhar a correção comentada, questão por questão, ajudando a entender seus erros e acertos. Recomenda-se que somente quando você tiver acertando acima de 80% das questões de cada simulado, faça o exame de certificação. O exame tem duração de 60 minutos e é composto por 40 questões de múltipla escolha com 4 alternativas de resposta. É necessário obter no mínimo 65% de acerto para obter a aprovação, ou seja, você deve acertar 26 questões ou mais. Cada simulado aborda, de maneira bem diversificada, questões distribuídas em oito eixos de conhecimento: gerenciamento de serviço como uma prática, ciclo de vida do serviço, conceitos genéricos e definições, princípios fundamentais e modelos, processos principais, processos menores, funções e papéis. Não há repetição de questões.

XIV • ITIL Foundation

A certificação ITIL® Foundation é hoje uma das 10 certificações mais procuradas da área de TI por ser, normalmente, considerada pelas empresas um diferencial para todos os cargos da área de TI. Este livro irá ajudá-lo a conquistar sua certificação e a compreender melhor os processos e atividades do ciclo de vida dos serviços de TI.

Sumário

Capítulo 1

ITIL®, suas publicações, processos e funções... 1
  ITIL® v3 – definição.. 1
  Atualização ITIL® v3 2011.. 1
  Publicações da ITIL® v3.. 2
    Publicação Estratégia de Serviço 2
    Publicação Desenho de Serviço.. 5
    Publicação Transição de Serviço.. 8
    Publicação Operação de Serviço 10
    Publicação Melhoria Contínua de Serviço....................................... 12

Capítulo 2

A importância da Certificação ITIL® 15
Certificações ITIL® v3... 16
  Nível *Foundation*... 16
    Exame para certificação ITIL® *Foundation* na modalidade presencial 17
    Exame para certificação ITIL® *Foundation* na modalidade online.......... 17
    Características do exame 17
  Nível Intermediário... 18
    Lifecycle Modules... 18
    Capability Modules... 18
    Managing Across the Lifecycle (Gerenciando através do Ciclo de Vida) . 19
    Características das provas 19
    Certificação ITIL® V3 Expert.. 19
    Certificação ITIL® Master 19

Capítulo 3

Simulado 1 21
  Associando processos às fases do ciclo de vida 21
  Simulado 22
    Gabarito do Simulado 1 34

XVI • ITIL Foundation

Correção do Simulado 1.. 34
Questão 1: Objetivo da ITIL®.. 34
Questão 2: Conceitos e definições da ITIL® - Processos......................... 35
Questão 3: Conceitos e definições da ITIL® – Utilidade e garantia............. 35
Questão 4: Conceitos e definições da ITIL® – Matriz RACI...................... 36
Questão 5: Publicação Estratégia de Serviço – Objetivo.......................... 36
Questão 6: Publicação Estratégia de Serviço – Processo de
Gerenciamento Estratégico para Serviços de TI. 36
Questão 7: Publicação Estratégia de Serviço – Caso de Negócio............... 37
Questão 8: Publicação Estratégia de Serviço – Processo de
Gerenciamento Financeiro – Planejamento Orçamentário. 38
Questão 9: Publicação Estratégia de Serviço – Processo de
Gerenciamento do Relacionamento de Negócio. 38
Questão 10: Publicação Desenho de Serviço – Contribuições do
desenho de um serviço... 39
Questão 11: Publicação Desenho de Serviço - Terceirização de
Processos de Conhecimento. 39
Questão 12: Publicação Desenho de Serviço – Processo de
Gerenciamento de Nível de Serviço. 40
Questão 13: Publicação Desenho de Serviço – Processo de
Gerenciamento de Nível de Serviço - Acordos de Nível de Serviço
Multinível.. 40
Questão 14: Publicação Desenho de Serviço – Conceitos do processo
de Gerenciamento de Nível de Serviço – Contrato de Apoio.................... 40
Questão 15: Publicação Desenho de Serviço – Conceitos do
Gerenciamento de Nível de Serviço - Gerente de Nível de Serviço. 41
Questão 16: Publicação Desenho de Serviço – Processo de
Gerenciamento de Disponibilidade - Função de Negócio Vital................. 41
Questão 17: Publicação Desenho de Serviço – Processo de
Gerenciamento de Capacidade - Gerenciamento de Capacidade de
Componente... 42
Questão 18: Publicação Desenho de Serviço – Processo de
Gerenciamento de Continuidade de Serviço de TI. 42
Questão 19: Publicação Desenho de Serviço – Processo de
Gerenciamento de Segurança da Informação. 43
Questão 20: Publicação Transição de Serviço – Processos.......................... 43

Questão 21: Publicação Transição de Serviço – Processo de
Gerenciamento de Mudança... 44

Questão 22: Publicação Transição de Serviço – Processo de
Gerenciamento de Mudança – Remediação... 44

Questão 23: Publicação Transição de Serviço – Processo de
Gerenciamento de Mudança - Comitê Consultivo de Mudanças
Emergenciais.. 44

Questão 24: Publicação Transição de Serviço – Processo de
Gerenciamento de Configuração e de Ativos de Serviço......................... 44

Questão 25: Publicação Transição de Serviço – Gerenciamento de
Configuração e de Ativos de Serviço - Sobressalentes Definitivos........... 45

Questão 26: Publicação Transição de Serviço – Processo de
Gerenciamento de Configuração e de Ativos de Serviço - Linha de Base
de Configuração. 45

Questão 27: Publicação Transição de Serviço – Gerenciamento de
Liberação e de Implantação – Unidade de Liberação............................... 46

Questão 28: Publicação Transição de Serviço – Gerenciamento de
Liberação e de Implantação - Modelos de Liberação e de Implantação.... 46

Questão 29: Publicação Transição de Serviço – Avaliação de Mudança.... 47

Questão 30: Publicação Operação de Serviço – Processos. 47

Questão 31: Publicação Operação de Serviço – Processo de
Gerenciamento de Evento... 48

Questão 32: Publicação Operação de Serviço – Processo de
Gerenciamento de Incidente. 48

Questão 33: Publicação Operação de Serviço – Processo de
Gerenciamento de Incidente – Atividades. 48

Questão 34: Publicação Operação de Serviço – Processo de
Cumprimento de Requisição –Requisição de serviço............................... 49

Questão 35: Publicação Operação de Serviço – Processo de
Gerenciamento de Problema – Erro conhecido.. 49

Questão 36: Publicação Operação de Serviço – Funções. 49

Questão 37: Publicação Operação de Serviço – Função Central de
Serviços. 49

Questão 38: Estrutura do modelo – Publicação **Melhoria Contínua
de Serviço** – Processo de Melhoria de Sete Etapas................................ 50

Questão 39: Estrutura do modelo – Publicação Melhoria Contínua de

XVIII • ITIL Foundation

Serviço – Processo de Melhoria de Sete Etapas. 50
Questão 40: Estrutura do modelo – Publicação Melhoria Contínua de
Serviço - Papéis. 51

Capítulo 4

Simulado 2 53
Entendendo as atividades de cada processo 53
Simulado 53
Gabarito do simulado 2 64
Correção do simulado 2 65
Questão1: Objetivo da ITIL®. 65
Questão 2: Conceitos e definições da ITIL® - Processo. 65
Questão 3: Conceitos e definições da ITIL® – Serviço de Apoio. 66
Questão 4: Conceitos e definições da ITIL® – Tecnologias de apoio......... 66
Questão 5: Estrutura da ITIL® – Ordem das publicações da ITIL® 66
Questão 6: Estrutura da ITIL® – Publicação Estratégia de Serviço. 67
Questão 7 : Publicação Desenho de Serviço – 4 P's. 67
Questão 8: Publicação Estratégia de Serviço – Processo de
Gerenciamento Financeiro para Serviços de TI – Definição de Acordos
de Contratos. 67
Questão 9: Publicação Estratégia de Serviço – Processo de
Gerenciamento de Demanda – Demanda x Capacidade. 68
Questão 10: Publicação Desenho de Serviço - Terceirização de processos
de conhecimento. 68
Questão 11: Publicação Desenho de Serviço – Processo de Gerenciamento
de Catálogo de Serviço. 69
Questão 12: Publicação Desenho de Serviço – Processo de Gerenciamento
de Catálogo de Serviço - Gerente do Catálogo de Serviço. 69
Questão 13: Publicação Desenho de Serviço – Conceitos do
Gerenciamento de Nível de Serviço - Contrato de Apoio. 70
Questão 14: Publicação Desenho de Serviço – Conceitos do
Gerenciamento de Nível de Serviço - Indicador-Chave de Desempenho. 70
Questão 15: Publicação Desenho de Serviço – Processo de
Gerenciamento da Disponibilidade – Disponibilidade. 71

Questão 16: Publicação Desenho de Serviço – Gerenciamento de
Capacidade - Gerenciamento de Capacidade de Negócio......................... 71
Questão 17: Publicação Desenho de Serviço – Gerenciamento de
Continuidade de Serviço de TI – Gerenciamento de riscos...................... 72
Questão 18: Publicação Desenho de Serviço – Gerenciamento de
Continuidade de Serviço de TI - Gerente de Continuidade de Serviço
de TI.. 72
Questão 19: Publicação Desenho de Serviço – Processo de
Gerenciamento de Fornecedor.. 73
Questão 20: Publicação Transição de Serviço... 73
Questão 21: Publicação Transição de Serviço – Processo de
Gerenciamento de Mudança – Objetivo.. 73
Questão 22: Publicação Transição de Serviço - Gerenciamento de
Mudança - Comitê Consultivo de Mudança.. 74
Questão 23: Publicação Transição de Serviço – Processo de
Gerenciamento de Mudança – Atividades... 74
Questão 24: Publicação Transição de Serviço – Gerenciamento de
Configuração e de Ativos de Serviço - Modelo de Configuração.............. 74
Questão 25: Publicação Transição de Serviço – Gerenciamento de
Configuração e de Ativos de Serviço - Biblioteca de Mídia Definitiva..... 75
Questão 26: Publicação Transição de Serviço – Gerenciamento de
Liberação e de Implantação – Etapas de liberação.................................... 75
Questão 27: Publicação Transição de Serviço – Gerenciamento de
Liberação e de Implantação - Modelo de Liberação e Implantação.......... 75
Questão 28: Publicação Transição de Serviço – Avaliação de Mudança.... 75
Questão 29: Publicação Operação de Serviço – Processos....................... 76
Questão 30: Publicação Operação de Serviço – Processo de
Gerenciamento de Evento... 76
Questão 31: Publicação Operação de Serviço – Processo de
Gerenciamento de Incidente... 77
Questão 32: Publicação Operação de Serviço – Processo de
Gerenciamento de Incidente – Comunicação de incidentes...................... 77
Questão 33: Publicação Operação de Serviço – Processo de
Cumprimento de Requisição – Atividades... 77
Questão 34: Publicação Operação de Serviço – Processo de
Gerenciamento de Problema – Definição de problema.............................. 78

XX • ITIL Foundation

Questão 35: Publicação Operação de Serviço – Processo de
Gerenciamento de Acesso - Requisição de Acesso.................................... 78
Questão 36: Publicação Operação de Serviço – Função Central de
Serviços – Papéis.. 78
Questão 37: Publicação Operação de Serviço – Função Gerenciamento
de Aplicativo. 79
Questão 38: Publicação Melhoria Contínua de Serviço. 79
Questão 39: Publicação Melhoria Contínua de Serviço - Processo de
Melhoria de Sete Etapas. 79
Questão 40: Publicação Melhoria Contínua de Serviço - Processo de
Melhoria de Sete Etapas. 80

Capítulo 5

Simulado 3 81
Entendendo os termos e conceitos relacionados a cada processo.......... 81
Simulado 81
Gabarito do simulado 3 93
Correção do simulado 3... 93
Questão 1: Objetivo da ITIL® 93
Questão 2: Conceitos e definições da ITIL® - Processos........................... 94
Questão 3: Conceitos e definições da ITIL® – Serviço Intensificador....... 94
Questão 4: Conceitos e definições da ITIL® - Papéis................................ 94
Questão 5: Conceitos e definições da ITIL® – Tecnologias de apoio......... 95
Questão 6: Estrutura da ITIL® – Publicações. 95
Questão 7: Publicação Estratégia de Serviço – Processos........................ 95
Questão 8: Publicação Estratégia de Serviço – 4 P's. 96
Questão 9: Publicação Estratégia de Serviço - Funil de serviços.............. 96
Questão 10: Publicação Estratégia de Serviço – Processo de
Gerenciamento de Demanda – Padrão de Atividade de Negócio.............. 97
Questão 11: Publicação Desenho de Serviço – Processos. 97
Questão 12: Publicação Desenho de Serviço - 4 P's. 98
Questão 13: Publicação Desenho de Serviço – Processo de
Gerenciamento de Catálogo de Serviço. 98
Questão 14: Publicação Desenho de Serviço – Processo de
Gerenciamento de Catálogo de Serviço – Tipos de Catálogo de Serviço.. 99

Questão 15: Publicação Desenho de Serviço – Processo de
Gerenciamento de Nível de Serviço - Relatório de Nível de Serviço........ 99

Questão 16: Publicação Desenho de Serviço – Conceitos do
Gerenciamento de Nível de Serviço - Acordo de Nível Operacional........ 99

Questão 17: Publicação Desenho de Serviço – Processo de. 100

Questão 18: Publicação Desenho de Serviço – Processo de
Gerenciamento de Capacidade - Gerenciamento de Capacidade de
Componente... 100

Questão 19: Publicação Desenho de Serviço – Processo de
Gerenciamento de Continuidade de Serviço de TI.............................. 100

Questão 20: Publicação Desenho de Serviço – Processo de
Gerenciamento de Fornecedor. 101

Questão 21: Publicação Transição de Serviço – Objetivo..................... 102

Questão 22: Publicação Transição de Serviço - Processo de
Gerenciamento de Mudança... 102

Questão 23: Publicação Transição de Serviço - Processo de
Gerenciamento de Mudança - Propostas de Mudança. 102

Questão 24: Publicação Transição de Serviço - Processo de
Gerenciamento de Mudança – Tipos de mudança................................. 103

Questão 25: Publicação Transição de Serviço - Processo de
Gerenciamento de Mudança – 7 R's. 103

Questão 26: Publicação Transição de Serviço – Processo de
Gerenciamento de Configuração e de Ativos de Serviço – Modelo de
Configuração. 104

Questão 27: Publicação Transição de Serviço – Processo de
Gerenciamento de Configuração e de Ativos de Serviço - Biblioteca
de Mídia Definitiva... 104

Questão 28: Publicação Transição de Serviço – Processo de
Gerenciamento de Liberação e de Implantação – Abordagens de
implantação... 104

Questão 29: Publicação Transição de Serviço – Processo de Validação
e Teste de Serviço.. 105

Questão 30: Publicação Operação de Serviço - Objetivo...................... 105

Questão 31: Publicação Operação de Serviço – Processo de
Gerenciamento de Incidente. 105

Questão 32: Publicação Operação de Serviço – Processo de

XXII • ITIL Foundation

Gerenciamento de Incidente – Solução de Contorno. 106

Questão 33: Publicação Operação de Serviço – Processo de
Cumprimento de Requisição – Requisição de Serviço........................... 107

Questão 34: Publicação Operação de Serviço – Processo de
Gerenciamento de Problema.. 107

Questão 35: Publicação Operação de Serviço – Processo de
Gerenciamento de Acesso. 107

Questão 36: Publicação Operação de Serviço – Função Central de
Serviços – Modalidades de Implementação.. 108

Questão 37: Publicação Operação de Serviço – Função Central de
Serviços – Papéis. 108

Questão 38: Publicação Melhoria Contínua de Serviço – PDCA. 108

Questão 39: Publicação Melhoria Contínua de Serviço - Processo de
Melhoria de Sete Etapas. 109

Questão 40: Publicação Melhoria Contínua de Serviço – Tipos de
métricas.. 109

Capítulo 6

Simulado 4 111
Identifique os papéis atuantes em cada processo 111
Simulado 111
Gabarito do simulado 4.. 124
Correção do simulado 4.. 124

Questão 1: Histórico da ITIL® – Objetivo da atualização em 2011........ 124

Questão 2: Conceitos e definições da ITIL® – Recursos e habilidades.... 125

Questão 3: Conceitos e definições da ITIL® – Serviço, cliente e usuário. 125

Questão 4: Conceitos e definições da ITIL® – Dono de serviço............. 126

Questão 5: Conceitos e definições da ITIL® – Indicadores-chave de
desempenho.. 126

Questão 6: Publicações da ITIL® 127

Questão 7: Publicação Estratégia de Serviço – Processo de
Gerenciamento de Demanda.. 128

Questão 8: Publicação Estratégia de Serviço – Catálogo de Serviços. 128

Questão 9: Publicação Estratégia de Serviço – Processo de
Gerenciamento de Demanda – Padrão de Atividade de Negócio........... 128

Questão 10: Publicação Desenho de Serviço – Processo de
Gerenciamento de Fornecedor. 129

Questão 11: Publicação Desenho de Serviço - Pacote de Desenho de
Serviço.. 129

Questão 12: Publicação Desenho de Serviço – Processo de
Coordenação de Desenho... 130

Questão 13: Publicação Desenho de Serviço – Processo de
Gerenciamento de Catálogo de Serviço – Tipos de Catálogos de
Serviço.. 130

Questão 14: Publicação Desenho de Serviço – Processo de
Gerenciamento de Nível de Serviço - Acordos de Nível de Serviço........ 131

Questão 15: Publicação Desenho de Serviço – Conceitos do
Gerenciamento de Nível de Serviço – Acordo de Nível de Serviço......... 131

Questão 16: Publicação Desenho de Serviço – Processo de
Gerenciamento da Disponibilidade... 131

Questão 17: Publicação Desenho de Serviço – Processo de
Gerenciamento de Capacidade - Gerente de Capacidade...................... 132

Questão 18: Publicação Desenho de Serviço – Processo de
Gerenciamento de Continuidade de Serviço de TI – Termos e
conceitos.. 132

Questão 19: Publicação Desenho de Serviço – Processo de
Gerenciamento de Fornecedor. 132

Questão 20: Publicação Desenho de Serviço – Processo de
Gerenciamento de Fornecedor - Sistema de Gerenciamento de
Conhecimento de Serviço. 133

Questão 21: Publicação Transição de Serviço - Processo de
Planejamento e Suporte da Transição.. 133

Questão 22: Publicação Transição de Serviço - Processo de
Gerenciamento de Mudança – Mudança padrão. 134

Questão 23: Publicação Transição de Serviço – 7 R's.............................. 134

Questão 24: Publicação Transição de Serviço – Processo de
Gerenciamento de Configuração e de Ativo de Serviço.......................... 135

Questão 25: Publicação Transição de Serviço – Processo de
Gerenciamento de Configuração e de Ativo de Serviço -
Biblioteca de Mídia Definitiva. 135

Questão 26: Publicação Transição de Serviço – Processo de

XXIV • ITIL Foundation

Gerenciamento de Liberação e de Implantação – Abordagem de implantação Big Bang. 136

Questão 27: Publicação Transição de Serviço – Validação e Teste de Serviço 136

Questão 28: Publicação Transição de Serviço – Processo de Gerenciamento de Conhecimento - Sistema de Gerenciamento de Conhecimento de Serviço. 137

Questão 29: Publicação Operação de Serviço - Funções 137

Questão 30: Publicação Operação de Serviço – Processo de Gerenciamento de Evento – Categorias de evento 137

Questão 31: Publicação Operação de Serviço – Processo de Gerenciamento de Incidente - Impacto e urgência. 138

Questão 32: Publicação Operação de Serviço – Processo de Gerenciamento de Incidente. 138

Questão 33: Publicação Operação de Serviço – Processo de Cumprimento de Requisição. 139

Questão 34: Publicação Operação de Serviço – Processo de Gerenciamento de Problema. 139

Questão 35: Publicação Operação de Serviço – Processo de Gerenciamento de Problema - Gerente de Problemas. 139

Questão 36: Publicação Operação de Serviço – Função Central de Serviços - Papéis. 140

Questão 37: Publicação Operação de Serviço – Função Gerenciamento de Operações de TI – Subfunção Gerenciamento de Instalações 140

Questão 38: Publicação Melhoria Contínua de Serviço – Conceitos básicos. 140

Questão 39: Publicação Melhoria Contínua de Serviço – Valor para o Negócio. 141

Questão 40: Publicação Melhoria Contínua de Serviço - Métricas de serviço e métricas tecnológicas. 141

Capítulo 7

Simulado 5 143

Descubra os indicadores-chave de desempenho dos processos 143

Simulado 143

Sumário • **XXV**

Gabarito do simulado 5 156

Correção do simulado 5 156

Questão 1: Histórico da ITIL® – novidades da ITIL® v3 em
relação à v2.. 156

Questão 2: Conceitos e definições da ITIL® – Recursos e habilidades.... 156

Questão 3: Conceitos e definições da ITIL® – Dono de serviço.............. 157

Questão 4: Conceitos e definições da ITIL® - Serviço............................. 157

Questão 5: Estrutura da ITIL® - Orientações complementares
da ITIL®... 158

Questão 6: Publicação Estratégia de Serviço - Questões........................ 158

Questão 7: Publicação Estratégia de Serviço - Objetivo......................... 158

Questão 8: Publicação Estratégia de Serviço - Funil de Serviço,
Catálogo de Serviço, Serviço Obsoleto.. 159

Questão 9: Publicação Estratégia de Serviço – Papel de Gerente de
Produto.. 159

Questão 10: Publicação Estratégia de Serviço – Processo de
Gerenciamento de Demanda – Padrão de Atividade de Negócio............ 160

Questão 11: Publicação Desenho de Serviço - Pacote de Desenho de
Serviço e Pacote de Serviço.. 161

Questão 12: Publicação Desenho de Serviço - Modelos de fornecimento
de serviços... 161

Questão 13: Publicação Desenho de Serviço – Processo de
Gerenciamento de Catálogo de Serviço - Catálogo de Serviço............... 161

Questão 14: Publicação Desenho de Serviço – Processo de
Gerenciamento de Nível de Serviço – Tipos de Acordo de Nível de
Serviço... 162

Questão 15: Publicação Desenho de Serviço – Conceitos do
Gerenciamento de Nível de Serviço – Revisão de Acordos e
Contratos.. 162

Questão 16: Publicação Desenho de Serviço – Processo de
Gerenciamento da Disponibilidade... 162

Questão 17: Publicação Desenho de Serviço – Processo de
Gerenciamento da Disponibilidade - Gerente de Disponibilidade.......... 163

Questão 18: Publicação Desenho de Serviço – Processo de
Gerenciamento de Capacidade - Sistema de Informação do
Gerenciamento de Capacidade... 163

XXVI • ITIL Foundation

Questão 19: Publicação Desenho de Serviço – Processo de
Gerenciamento de Continuidade de Serviço de TI - Análise de
Impacto no Negócio. 164

Questão 20: Publicação Desenho de Serviço – Processo de
Gerenciamento de Segurança da Informação – Gerente de
Segurança da Informação. 165

Questão 21: Publicação Desenho de Serviço – Processo de
Gerenciamento de Fornecedor - Base de Dados de Fornecedor
e Contrato. 165

Questão 22: Publicação Transição de Serviço - Objetivo. 166

Questão 23: Publicação Transição de Serviço - Processo de
Gerenciamento de Mudança - Mudança de Serviço. 166

Questão 24: Publicação Transição de Serviço - Processo de
Gerenciamento de Mudança – Dono do Processo. 166

Questão 25: Publicação Transição de Serviço – Processo de
Gerenciamento de Configuração e de Ativos de Serviço. 167

Questão 26: Publicação Transição de Serviço – Processo de
Gerenciamento de Configuração e de Ativos de Serviço - Sistema
de Gerenciamento da Configuração e Gerenciamento de Configuração. 167

Questão 27: Publicação Transição de Serviço – Processo de
Gerenciamento de Configuração e de Ativos de Serviço - Biblioteca de
Mídia Definitiva. 168

Questão 28: Publicação Transição de Serviço – Processo de
Gerenciamento de Configuração e de Ativos de Serviço - Papéis. 168

Questão 29: Publicação Transição de Serviço – Processo de
Gerenciamento de Liberação e de Implantação – Abordagens
de implantação. 168

Questão 30: Publicação Transição de Serviço – Processo de
Gerenciamento de Conhecimento - Sistema de Gerenciamento de
Conhecimento de Serviço. 169

Questão 31: Publicação Operação de Serviço – Processo de
Gerenciamento de Evento. 169

Questão 32: Publicação Operação de Serviço – Processo de
Gerenciamento de Incidente - Modelos de Incidente. 169

Questão 33: Publicação Operação de Serviço – Processo de
Cumprimento de Requisição. 170

Questão 34: Publicação Operação de Serviço – Processo de
Gerenciamento de Problema - Banco de Dados de Erros Conhecidos... 170
Questão 35: Publicação Operação de Serviço – Função Central de
Serviços – Atividades. 171
Questão 36: Publicação Operação de Serviço – Função Central de
Serviços. 171
Questão 37: Publicação Operação de Serviço – Função Gerenciamento
de Operações de TI – Subfunções. 171
Questão 38: Publicação Melhoria Contínua de Serviço – Metas e
objetivos. 172
Questão 39: Publicação Melhoria Contínua de Serviço - PDCA 172
Questão 40: Publicação Melhoria Contínua de Serviço - Monitoração
e medição. 172

Capítulo 8

Simulado 6 175
Entenda as Funções e suas relações com os processos 175
Simulado 175
Gabarito do simulado 6 187
Correção do simulado 6 187
Questão 1: Objetivo da ITIL® 187
Questão 2: Conceitos e definições da ITIL® – Ativos de Serviço 187
Questão 3: Conceitos e definições da ITIL® - Processos 188
Questão 4: Conceitos e definições da ITIL® – Utilidade e garantia. 188
Questão 5: Conceitos e definições da ITIL® - Serviço. 189
Questão 6: Conceitos e definições da ITIL® – Automação de serviços... 189
Questão 7: Publicação Estratégia de Serviço – Processo de
Gerenciamento de Demanda 189
Questão 8: Publicação Estratégia de Serviço – Portfólio de Serviço. 190
Questão 9: Publicação Estratégia de Serviço - Processo de
Gerenciamento de Portfólio de Serviço 190
Questão 10: Publicação Estratégia de Serviço – Processo de
Gerenciamento de Demanda – Padrão de Atividade de Negócio 191
Questão 11: Publicação Desenho de Serviço - Conteúdo. 191
Questão 12: Publicação Desenho de Serviço – Pacote de Desenho de

XXVIII • ITIL Foundation

Serviço.. 192

Questão 13: Publicação Desenho de Serviço - Modelos de fornecimento de serviços. 192

Questão 14: Publicação Desenho de Serviço – Processo de Gerenciamento de Nível de Serviço - Acordo de Nível de Serviço. 193

Questão 15: Publicação Desenho de Serviço – Processo de Gerenciamento de Nível de Serviço - Acordo de Nível de Serviço Baseado em Serviço.. 193

Questão 16: Publicação Desenho de Serviço – Conceitos do Gerenciamento de Nível de Serviço – Contrato de Apoio. 194

Questão 17: Publicação Desenho de Serviço – Processo de Gerenciamento de Disponibilidade - Sistema de Informação do Gerenciamento de Disponibilidade. 194

Questão 18: Publicação Desenho de Serviço – Processo de Gerenciamento de Capacidade - Gerenciamento de Capacidade de Serviço. 195

Questão 19: Publicação Desenho de Serviço – Processo de Gerenciamento de Continuidade de Serviço de TI. 195

Questão 20: Publicação Desenho de Serviço – Processo de Gerenciamento de Segurança da Informação - Sistema de Gerenciamento da Segurança da Informação. 195

Questão 21: Publicação Desenho de Serviço – Processo de Gerenciamento de Fornecedor – Fornecedor interno, externo e compartilhado. 196

Questão 22: Publicação Transição de Serviço - Processo de Gerenciamento de Mudança – Tipos de mudança. 197

Questão 23: Publicação Transição de Serviço - Processo de Gerenciamento de Mudança - Comitê Consultivo de Mudanças Emergenciais. 197

Questão 24: Publicação Transição de Serviço - Processo de Gerenciamento de Mudança - Indicadores. 197

Questão 25: Publicação Transição de Serviço – Processo de Gerenciamento de Configuração e de Ativos de Serviço – Item de Configuração. 198

Questão 26: Publicação Transição de Serviço – Processo de Gerenciamento de Configuração e de Ativos de Serviço - Biblioteca de Mídia Definitiva. 198

Questão 27: Publicação Transição de Serviço – Processo de
Gerenciamento de Liberação e de Implantação - Unidade de Liberação.199
Questão 28: Publicação Transição de Serviço – Processo de
Gerenciamento de Liberação e de Implantação - Modelo V................... 199
Questão 29: Publicação Transição de Serviço – Processo de
Gerenciamento de Conhecimento... 200
Questão 30: Publicação Operação de Serviço – Conceitos básicos. 200
Questão 31: Publicação Operação de Serviço – Processo de
Gerenciamento de Evento – Conceitos e definições. 200
Questão 32: Publicação Operação de Serviço – Processo de
Gerenciamento de Incidente.. 201
Questão 33: Publicação Operação de Serviço – Processo de
Gerenciamento de Incidente – Modelo de Incidente............................ 201
Questão 34: Publicação Operação de Serviço – Gerenciamento de
Problema - Banco de Dados de Erros Conhecidos. 201
Questão 35: Publicação Operação de Serviço – Função Central de
Serviços... 202
Questão 36: Publicação Operação de Serviço – Função Central de
Serviços – Central de Serviço Virtual 202
Questão 37: Publicação Operação de Serviço – Função
Gerenciamento Técnico.. 203
Questão 38: Publicação Melhoria Contínua de Serviço. 203
Questão 39: Publicação Melhoria Contínua de Serviço - Processo de
Melhoria de Sete Etapas... 204
Questão 40: Publicação Melhoria Contínua de Serviço - Registro da
MCS. 204

Capítulo 9

Simulado 7 205
Entenda a relação da Melhoria Continuada de Serviço com as
etapas do ciclo de vida do serviço 205
Simulado 205
Gabarito do simulado 7 218
Correção do simulado 7.. 218
Questão 1: Objetivo da ITIL°... 218

XXX • ITIL Foundation

Questão 2: Conceitos e definições da ITIL® - Processo. 218

Questão 3: Conceitos e definições da ITIL® – Matriz RACI.................. 219

Questão 4: Conceitos e definições da ITIL® – Automação de serviços... 219

Questão 5: Publicação Estratégia de Serviço – Tópicos abordados. 220

Questão 6: Publicação Estratégia de Serviço - Atividades. 220

Questão 7: Publicação Estratégia de Serviço – Processo de
Gerenciamento Financeiro para Serviços de TI. 220

Questão 8: Publicação Estratégia de Serviço - Questões. 221

Questão 9: Publicação Estratégia de Serviço - Gerente de Portfólio
de Serviço. 221

Questão 10: Publicação Desenho de Serviço – Processo de
Gerenciamento de Catálogo de Serviço – Catálogo de Serviço.............. 222

Questão 11: Publicação Desenho de Serviço – Processo de
Gerenciamento de Capacidade... 222

Questão 12: Publicação Desenho de Serviço - Orientações................... 223

Questão 13: Publicação Desenho de Serviço - Métricas........................ 223

Questão 14: Publicação Desenho de Serviço – Conceitos do
Gerenciamento de Nível de Serviço – Acordo de Nível de Serviço......... 223

Questão 15: Publicação Desenho de Serviço – Processo de
Gerenciamento de Fornecedor – Categorias de fornecedor.................... 224

Questão 16: Publicação Desenho de Serviço – Processo de
Gerenciamento de Nível de Serviço – Tipos de Acordos de Nível de
Serviço... 224

Questão 17: Publicação Desenho de Serviço – Conceitos do
Gerenciamento de Nível de Serviço. 224

Questão 18: Publicação Desenho de Serviço – Conceitos do
Gerenciamento de Nível de Serviço - Indicadores-Chave de
Desempenho. 225

Questão 19: Publicação Desenho de Serviço – Processo de
Gerenciamento de Continuidade de Serviço de TI............................... 225

Questão 20: Publicação Transição de Serviço - Processo de
Gerenciamento de Mudança – Gerente de Mudança. 225

Questão 21: Publicação Transição de Serviço - Processo de
Gerenciamento de Mudança - Proposta de Mudança........................... 226

Questão 22: Publicação Transição de Serviço - Processo de
Gerenciamento de Mudança – Mudança Normal................................. 226

Questão 23: Publicação Transição de Serviço – Processo de Gerenciamento de Configuração e de Ativos de Serviço - Itens de Configuração. 226

Questão 24: Publicação Transição de Serviço - Processo de Gerenciamento de Mudança – Modelo de Mudança............................. 227

Questão 25: Publicação Transição de Serviço – Processo de Gerenciamento de Configuração e de Ativos de Serviço - Relacionamento.. 227

Questão 26: Publicação Transição de Serviço – Processo de Gerenciamento de Liberação e de Implantação – Pacote de Desenho de Serviço.. 227

Questão 27: Publicação Transição de Serviço – Processo de Gerenciamento de Configuração e de Ativos de Serviço - Sistema de Gerenciamento da Configuração.. 228

Questão 28: Publicação Operação de Serviço - Processos...................... 228

Questão 29: Publicação Operação de Serviço – Processo de Gerenciamento de Incidente – Solução de Contorno. 229

Questão 30: Publicação Operação de Serviço – Processo de Gerenciamento de Incidente - Atividades.. 229

Questão 31: Publicação Operação de Serviço – Processo de Gerenciamento de Problema.. 229

Questão 32: Publicação Operação de Serviço – Processo de Gerenciamento de Incidente – Solução de Contorno. 230

Questão 33: Publicação Operação de Serviço – Função Central de Serviços. 230

Questão 34: Publicação Operação de Serviço – Função Central de Serviços – Tipos. 230

Questão 35: Publicação Operação de Serviço - Funções...................... 231

Questão 36: Publicação Operação de Serviço – Função Central de Serviços – Papéis. 231

Questão 37: Publicação Operação de Serviço – Função Gerenciamento de Operações de TI - Subfunção Controle de Operações. 231

Questão 38: Publicação Melhoria Contínua de Serviço - Processo de Melhoria de Sete Etapas. 232

Questão 39: Publicação Melhoria Contínua de Serviço - PDCA.......... 232

Questão 40: Publicação Melhoria Contínua de Serviço – Monitoração e medição. 233

XXXII • ITIL Foundation

Capítulo 10

Termos técnicos e definições 235

Referências 255

Capítulo 1

ITIL®, suas publicações, processos e funções.

Esse capítulo apresenta, resumidamente, a ITIL® v3 atualizada em 2011 e suas publicações, processos e funções. O objetivo é ajudá-lo a entender e associar os processos às respectivas publicações, embora a maioria dos processos tenha atividades que ocorrem em diversas fases do ciclo de vida do serviço. A leitura deste capítulo auxiliará na resolução dos simulados propostos no decorrer do livro.

ITIL® v3 – definição

Segundo o site oficial, ITIL® (Information Technology Infrastructure Library) é uma abordagem amplamente aceita para gerenciamento de serviços de TI que fornece um conjunto coeso de melhores práticas de competência internacional retiradas dos setores público e privado.

É formada por um conjunto de publicações que aborda as melhores práticas para o Gerenciamento de Serviços de TI. Quando falamos em melhores práticas estamos nos referindo à práticas que foram testadas e tiveram sua eficiência comprovada por muitas organizações. As práticas da ITIL® podem ser utilizadas por qualquer organização, independente do seu tamanho ou setor de atuação.

Atualização ITIL® v3 2011

Em 2011 a ITIL® passou por uma atualização nas publicações que compõem seu núcleo (ITIL® Core) para corrigir falhas e inconsistências, melhorar a clareza nas explicações e fornecer maior detalhamento em seus processos. Nessa atualização, novos processos foram acrescentados e alguns foram fragmentados. Este livro apresenta a ITIL® v3 atualizada em 2011.

Publicações da ITIL® v3

O núcleo da ITIL® (ITIL® Core) é baseado no ciclo de vida do serviço e está organizado em 5 publicações: Estratégia de Serviço, Desenho de Serviço, Transição de Serviço, Operação de Serviço e Melhoria Contínua de Serviço. Cada publicação representa uma fase do ciclo de vida do serviço e apresenta um conjunto de processos, como mostra a figura a seguir:

Em cada fase do ciclo de vida do serviço há um conjunto de processos em evidência, porém a maioria deles tem atividades que ocorrem em diversas fases do ciclo de vida do serviço. Em cada processo é realizado um conjunto de atividades que combina recursos e habilidades para realizar um objetivo específico que, direta ou indiretamente, cria valor para o cliente. Os processos descritos em cada publicação são apresentados a seguir:

Publicação Estratégia de Serviço

Apresenta recomendações para a etapa no ciclo de vida de Estratégia de Serviço. A Estratégia de Serviço define a perspectiva, a posição, os planos e os padrões que um provedor de serviço precisa executar para atender aos resultados de Negócio de uma organização. Tem como objetivo transformar o gerenciamento de serviços em ativos estratégicos da empresa. A Estratégia de Serviço direciona as empresas no projeto, desenvolvimento e implementação do gerenciamento de serviço como um ativo estratégico, visando prepará-las para lidar com custos e riscos associados a seu portfólio de serviços. Inclui os seguintes processos: Gerenciamento Estratégico para Serviços de TI, Gerenciamento de Portfólio de Serviço, Gerenciamento Financeiro para Serviços de TI, Gerenciamento de Demanda e Gerenciamento de Relacionamento de Negócio. A tabela a seguir, apresenta uma breve descrição dos processos da publicação Estratégia de Serviço.

Capítulo 1 ITIL®, suas publicações, processos e funções • **3**

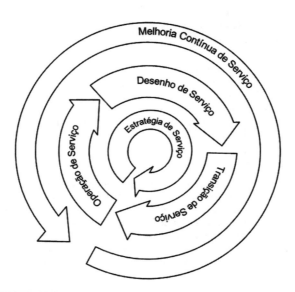

ESTRATÉGIA DE SERVIÇO

Processos:
- Gerenciamento Estratégico para Serviços de TI
- Gerenciamento de Portfólio de Serviço
- Gerenciamento Financeiro para Serviços de TI
- Gerenciamento de Demanda
- Gerenciamento de Relacionamento de Negócio

DESENHO DE SERVIÇO

Processos:
- Coordenação de Desenho
- Gerenciamento de Catálogo de Serviço
- Gerenciamento de Nível de Serviço
- Gerenciamento de Disponibilidade
- Gerenciamento de Capacidade
- Gerenciamento de Continuidade de Serviço de TI
- Gerenciamento de Segurança da Informação
- Gerenciamento de Fornecedor

MELHORIA CONTÍNUA DE SERVIÇO

- Processo de Melhoria de Sete Etapas

TRANSIÇÃO DE SERVIÇO

Processos:
- Planejamento e Suporte da Transição
- Gerenciamento de Mudança
- Gerenciamento de Configuração e de Ativo de Serviço
- Gerenciamento de Liberação e Implantação
- Validação e Teste de Serviço
- Avaliação de Mudança
- Gerenciamento de Conhecimento

OPERAÇÃO DE SERVIÇO

Processos:
- Gerenciamento de Evento
- Gerenciamento de Incidente
- Cumprimento de Requisição
- Gerenciamento de Problema
- Gerenciamento de Acesso

Funções:
- Central de Serviço
- Gerenciamento Técnico
- Gerenciamento de Operações de TI
- Gerenciamento de Aplicativo

4 • ITIL Foundation

Processo	Descrição
Gerenciamento Estratégico para Serviços de TI (*Strategy Management for IT Services*)	É o processo responsável pela definição e manutenção da perspectiva, da posição, dos planos e dos padrões de uma organização com relação aos seus serviços e ao gerenciamento de tais serviços. Depois que a estratégia tiver sido definida, o Gerenciamento Estratégico para Serviços de TI também é responsável por garantir que ela alcance os resultados de Negócio esperados.
Gerenciamento de Portfólio de Serviço (*Service Portfolio Management*)	É o processo responsável por gerenciar todo o Portfólio de Serviço. O Gerenciamento de Portfólio de Serviço garante que o provedor de serviço tenha a composição correta de serviços para atender aos resultados de Negócio em um nível adequado de investimento. Considera os serviços de acordo com o valor fornecido por eles ao Negócio. Desdobra-se em três componentes: Funil de Serviços, Catálogo de Serviços e Serviços Obsoletos.
Gerenciamento Financeiro para Serviços de TI (*Financial Management for IT Services*)	É o processo responsável pelo Gerenciamento dos Requisitos do planejamento orçamentário, da contabilidade e de cobrança de um Provedor de Serviço de TI. O Gerenciamento Financeiro para Serviços de TI garante um nível adequado de fundos para o desenho, desenvolvimento e entrega de serviços que atendam à estratégia da organização de maneira eficaz em custo.
Gerenciamento de Demanda (*Demand Management*)	É o processo responsável pelo entendimento, previsão e influência da demanda do cliente por serviços. Trabalha com o Gerenciamento de Capacidade para garantir que o provedor de serviço tenha capacidade o bastante para atender à demanda exigida. Em um nível estratégico, pode envolver análise de Padrões de Atividade de Negócio e perfis de usuário, enquanto, em um nível tático, pode envolver o uso de cobrança diferenciada para estimular clientes a usar os serviços de TI em horários menos concorridos ou exigir atividades para responder rapidamente à demanda inesperada ou à falha de um Item de Configuração.
Gerenciamento de Relacionamento de Negócio (*Business Relationship Management*)	É o processo responsável pela manutenção de um relacionamento positivo com os clientes. Identifica as necessidades do cliente e garante que o provedor de serviço seja capaz de atender a essas necessidades com serviços adequados. Este processo tem vínculos fortes com o Gerenciamento de Nível de Serviço e, basicamente, tem como função principal antecipar a necessidade do cliente.

Publicação Desenho de Serviço

Apresenta recomendações para a etapa no ciclo de vida de Desenho de Serviço. O objetivo desta etapa é desenhar (projetar) serviços novos ou alterações em serviços, sistemas e ferramentas de gerenciamento de serviço, processos, funções, métodos, métricas de mensuração e arquitetura tecnológica. Inclui o desenho de serviços, as práticas que o regem, processos e políticas requeridas para realizar a estratégia do provedor de serviço e facilitar a introdução de serviços nos ambientes suportados. Direciona as organizações no projeto e desenvolvimento de serviços e processos, cobrindo princípios e métodos para transformar objetivos estratégicos em serviços. Inclui os seguintes processos: Coordenação de Desenho, Gerenciamento de Catálogo de Serviço, Gerenciamento de Nível de Serviço, Gerenciamento de Disponibilidade, Gerenciamento de Capacidade, Gerenciamento de Continuidade de Serviço de TI, Gerenciamento de Segurança da Informação e Gerenciamento de Fornecedor. A tabela a seguir apresenta uma breve descrição dos processos do Desenho de Serviço.

Processo	Descrição
Coordenação de Desenho (*Design Coordination*)	É o processo responsável pela coordenação de todas as atividades de desenho de serviço, seus processos e recursos. Garante um desenho consistente e eficaz de serviços de TI (novos ou alterados), Sistemas de Informação de Gerenciamento de Serviço, arquiteturas, tecnologia, processos, informações e métricas.
Gerenciamento de Catálogo de Serviço (*Service Catalogue Management*)	É o processo responsável por fornecer e manter o Catálogo de Serviço e por garantir que esteja disponível aos autorizados a acessá-lo. Seu principal objetivo é que as informações contidas no catálogo de serviços estejam corretas e reflitam os detalhes, o estado, as interfaces e todos os serviços que são entregues pelo provedor de serviços ou que estejam sendo preparados para serem disponibilizados. Esse processo assegura que as informações do Catálogo de Serviços estejam corretas e consistentes com as informações do Portfólio de Serviços e que todos os serviços operacionais estejam registrados no Catálogo de Serviços.

6 • ITIL Foundation

Gerenciamento de Nível de Serviço (*Service Level Management*)	É o processo responsável pela negociação de Acordos de Nível de Serviço e por garantir que todos eles sejam alcançados. Seu objetivo é negociar, acordar e documentar as metas de utilidade e garantia dos serviços de TI com os respectivos clientes e monitorar a entrega dos serviços de acordo com as metas acordadas. É responsável por garantir que todos os processos do Gerenciamento de Serviço de TI, Acordos de Nível Operacional e Contratos de Apoio, sejam adequados para as metas de Nível de Serviço acordadas. O Gerenciamento de Nível de Serviço monitora e reporta os níveis de serviço, mantém revisões de serviço regulares com os clientes e identifica melhorias requeridas.
Gerenciamento de Disponibilidade (*Availability Management*)	É o processo responsável por garantir que os alcances da disponibilidade de serviços de TI atendam ou excedam as metas acordadas, realizando o gerenciamento do desempenho de disponibilidade dos serviços e dos recursos relacionados a eles. Define, analisa, planeja, mede e melhora todos os aspectos da disponibilidade de serviços de TI e garante que todos os processos, infraestruturas, ferramentas e papéis de TI sejam adequados para as metas de nível de serviço acordadas para disponibilidade. Nesse processo deve ser produzido um Plano de Disponibilidade apropriado que reflita as necessidades atuais e futuras do Negócio.
	É o processo responsável por garantir que a capacidade dos serviços de TI e a infraestrutura de TI sejam capazes de atender aos requisitos relacionados à capacidade e ao desempenho acordados. O Gerenciamento de Capacidade considera todos os recursos necessários para entregar um serviço de TI e trata do atendimento das necessidades de capacidade e desempenho atuais e futuras do Negócio. Inclui três subprocessos: Gerenciamento de Capacidade do Negócio, Gerenciamento de Capacidade do Serviço e Gerenciamento de Capacidade do Componente. É o processo que mais faz uso dos dados fornecidos pelo processo de Gerenciamento de Demanda. O Gerenciamento de Capacidade do Negócio é o subprocesso do Gerenciamento de Capacidade responsável pelo entendimento de requisitos de Negócio futuros para uso no plano da capacidade. Traduz as necessidades do plano de Negócio em termos de requisitos para o serviço e infraestrutura de TI, garantindo que os requisitos futuros de Negócio para os serviços de TI sejam quantificados, projetados, planejados e implementados em tempo hábil.

Capítulo 1 ITIL®, suas publicações, processos e funções • 7

Gerenciamento de Capacidade (*Capacity Management*)	O Gerenciamento de Capacidade do Serviço é o subprocesso do Gerenciamento de Capacidade responsável pelo gerenciamento, controle e previsão do desempenho e capacidade dos serviços em produção de ponta a ponta. Garante que o desempenho de todos os serviços, que são detalhados nos Acordos de Nível de Serviço e Requisições de Nível de Serviço, sejam monitorados e medidos e que os dados coletados sejam registrados, analisados e suportados. O Gerenciamento de Capacidade do Componente é o subprocesso do Gerenciamento de Capacidade, responsável pelo gerenciamento, controle e previsão do desempenho, utilização e capacidade individual dos componentes tecnológicos de TI. Garante que todos os componentes dentro da infraestrutura, que têm recursos limitados, sejam monitorados e medidos e que os dados coletados sejam registrados, analisados e reportados.
Gerenciamento de Continuidade de Serviço de TI (*IT Service Continuity Management*)	É o processo responsável pelo gerenciamento de riscos que podem impactar intensamente os serviços de TI. Garante que o provedor de serviço de TI possa sempre prover o nível de serviço mínimo acordado, através da redução do risco a um nível aceitável e do planejamento da recuperação dos serviços de TI. No Gerenciamento de Continuidade de Serviço de TI deve ser formulada uma estratégia que considere a Estratégia de Continuidade do Negócio, a análise de impacto no Negócio e a avaliação de risco. O Gerenciamento de Continuidade de Serviço de TI suporta o Gerenciamento de Continuidade de Negócio.
Gerenciamento de Segurança da Informação (*Information Security Management*)	É o processo responsável por garantir que a confidencialidade, integridade e disponibilidade dos ativos, informações, dados e serviços de TI de uma organização correspondam às necessidades acordadas do Negócio. Visa alinhar a segurança de TI com a segurança do Negócio e garantir que a segurança da informação esteja sendo gerenciada de forma eficaz em relação aos serviços, componente de TI e nas atividades do Gerenciamento de Serviços de TI. Suporta a segurança do Negócio e tem um escopo mais amplo que aquele do Provedor de Serviço de TI, e inclui o tratamento de papel, do acesso a instalações físicas, chamadas telefônicas etc., para toda a organização.
Gerenciamento de Fornecedor (*Supplier Management*)	É o processo responsável por obter valor com o gasto realizado com fornecedores, garantindo que todos os contratos e acordos com fornecedores deem suporte às necessidades do Negócio e que todos os fornecedores cumpram seus compromissos contratuais. Esse é o processo responsável por garantir que os Contratos de Apoio e de Nível de Serviço estejam alinhados com os requisitos do Negócio e de acordo com as metas de serviços propostas no Acordo no Nível de Serviço. O Gerenciamento de Fornecedor é o responsável pelo desenvolvimento, pela negociação e pelos acordos de contratos.

Publicação Transição de Serviço

Apresenta recomendações para a etapa no ciclo de vida de Transição de Serviço. A Transição de Serviço garante que serviços novos, modificados ou obsoletos atendam às expectativas do Negócio como documentado nas etapas de Estratégia de Serviço e Desenho de Serviço do ciclo de vida. A publicação Transição de Serviço direciona as organizações para transitar serviços novos ou alterados para a produção de forma que o impacto de situações não previstas seja mínimo. É nesta fase que os requisitos da Estratégia de Serviço que foram refletidos e usados na fase de Desenho de Serviço são entregues em forma de um serviço colocado em produção de maneira efetiva, com riscos controlados. Inclui os seguintes processos: Planejamento e Suporte da Transição, Gerenciamento de Mudança, Gerenciamento de Configuração e de Ativo de Serviço, Gerenciamento de Liberação e Implantação, Validação e Teste de Serviço, Avaliação de Mudança e Gerenciamento de Conhecimento. A tabela a seguir apresenta uma breve descrição dos processos da Transição de Serviço.

Processo	Descrição
Planejamento e Suporte da Transição (*Transition Planning and Support*)	É o processo responsável pelo planejamento de todos os processos de transição de serviços e coordenação dos recursos que eles requerem. Dentre seus objetivos estão planejar e coordenar os recursos adequados para construir, liberar, testar e implementar um serviço em produção dentro do prazo, custo e qualidade requeridos; prover suporte para as equipes alocadas na Transição de Serviço; e garantir a adoção de um modelo padronizado e reutilizável de processos e sistemas de suporte à Transição.
Gerenciamento de Mudança (*Change Management*)	É o processo responsável pelo controle do ciclo de vida de todas as mudanças, permitindo que mudanças benéficas sejam feitas com o mínimo de interrupção aos serviços de TI. Garante que mudanças sejam registradas e então avaliadas, planejadas, priorizadas, autorizadas, implementadas, testadas, documentadas e revisadas de forma controlada. Os principais objetivos do Gerenciamento de Mudança são garantir que o impacto das mudanças seja bem compreendido, que métodos e procedimentos padronizados sejam utilizados para um tratamento de mudanças rápido e eficiente e que todas as mudanças nos Itens de Configuração e Ativos de Serviço sejam registradas no Sistema de Gerenciamento de Configuração.

Capítulo 1   ITIL®, suas publicações, processos e funções   •   9

Gerenciamento de Configuração e de Ativo de Serviço (*Service Asset and Configuration Management*)	É o processo responsável por controlar, registrar e relatar versões, atributos e relacionamentos relativos aos componentes da infraestrutura de TI. Nesse processo é realizado o levantamento dos componentes de TI e identificados os relacionamentos entre eles, além de se manter informações de configurações precisas e confiáveis com informações históricas do ciclo de vida dos serviços e componentes de TI. Garante que os ativos requeridos para entregar serviços sejam devidamente controlados e que informações precisas e confiáveis sobre esses ativos estejam disponíveis quando e onde forem necessárias. Essas informações incluem detalhes sobre como os ativos foram configurados e os relacionamentos entre eles.
Gerenciamento de Liberação e Implantação (*Release and Deployment Management*)	É o processo responsável por planejar, programar e controlar a construção, o teste e a implantação de liberações, e por entregar novas funcionalidades exigidas pelo Negócio enquanto protege a integridade dos serviços existentes. As etapas do processo de Gerenciamento de Liberação e Implantação são: planejamento e liberação da implantação, construção e teste da liberação, implantação, revisão e encerramento.
Validação e Teste de Serviço (*Service Validation and Testing*)	É o processo responsável pela validação e teste de um serviço de TI novo ou modificado. Garante que o serviço de TI cumpra com sua especificação de desenho e que atenderá às necessidades do Negócio. Esse processo auxilia o processo de Gerenciamento de Liberação e Implantação, atuando como um auditor da qualidade das liberações, responsável pela validação e teste de um serviço de TI para garantir que ele cumpra com sua especificação de desenho e que atenda às necessidades do Negócio.
Avaliação de Mudança (*Change Evaluation*)	É o processo responsável pela avaliação formal de um serviço de TI novo ou alterado, para garantir que os riscos tenham sido gerenciados e para ajudar a determinar se a mudança deve ser autorizada.
Gerenciamento de Conhecimento (*Knowledge Management*)	É o processo responsável por compartilhar perspectivas, ideias, experiência e informações, e por garantir que estejam disponíveis no lugar certo e no momento certo. Possibilita a tomada de decisões bem informadas e melhora a eficiência reduzindo a necessidade de redescobrir o conhecimento. Esse processo é particularmente importante por cuidar e disponibilizar as "Lições Aprendidas".

10 • ITIL Foundation

Publicação Operação de Serviço

Apresenta recomendações para a etapa no ciclo de vida de Operação de Serviço. A Operação de Serviço coordena e desempenha as atividades e os processos requeridos para entregar e gerenciar serviços em níveis acordados para usuários de Negócio e clientes. A Operação de Serviço também gerencia a tecnologia que é usada para entregar e dar suporte a serviços. Direciona as organizações na entrega e suporte de serviços em níveis acordados e de forma eficiente para garantir a entrega de valor ao cliente e o atendimento dos objetivos estratégicos da empresa. Inclui os seguintes processos: Gerenciamento de Evento, Gerenciamento de Incidente, Cumprimento de Requisição, Gerenciamento de Problema e Gerenciamento de Acesso. Inclui também as funções Central de Serviço, Gerenciamento Técnico, Gerenciamento de Operações de TI e Gerenciamento de Aplicativo.

Inclui também um conjunto de Funções que representa equipes ou grupos de pessoas e as ferramentas ou outros recursos que são utilizados para conduzir um ou mais processos ou atividades. A tabela a seguir apresenta uma breve descrição dos processos e Funções da Operação de Serviço.

Processo	Descrição
Gerenciamento de Evento (*Event Management*)	É o processo responsável por gerenciar eventos durante o seu ciclo de vida. O Gerenciamento de Evento é uma das principais atividades de operações de TI. É responsável por monitorar um serviço de TI e detectar quando o desempenho cai abaixo dos limites aceitáveis. Também desenvolve habilidades para detectar eventos, determinar como um evento faz sentido em relação a outros eventos e determinar uma ação controlada apropriada, além de comparar o comportamento do desempenho atual do serviço com os padrões de desempenho de serviço.
Gerenciamento de Incidente (*Incident Management*)	É o processo responsável por gerenciar o ciclo de vida de todos os incidentes. Garante que a operação normal de um serviço seja restaurada tão rapidamente quando possível e que o impacto no Negócio seja minimizado.

Capítulo 1 ITIL®, suas publicações, processos e funções • 11

Cumprimento de Requisição (*Request Fulfilment*)	É o processo responsável por gerenciar o ciclo de vida de todas as requisições de serviço. É responsável pela entrega de componentes de serviço padrões requisitados e por prover um canal para usuários solicitar e receber os serviços padrões para os quais existe uma aprovação predefinida. Provê informações aos usuários e clientes sobre a disponibilidade dos serviços e os procedimentos para obtê--los. Executa as solicitações de serviços que não estão relacionadas a incidentes e que são pré-aprovados, com baixo ou nenhum impacto nas operações de TI e que podem ser realizados sem a necessidade de planejamento e aprovação do Gerente de Mudança.
Gerenciamento de Problema (*Problem Management*)	É o processo responsável por gerenciar o ciclo de vida de todos os problemas. O Gerenciamento de Problema previne proativamente a ocorrência de incidentes e minimiza o impacto dos incidentes que não podem ser evitados. Alguns dos objetivos do gerenciamento de Problema são: prevenir incidentes e problemas resultantes; eliminar incidentes recorrentes; encontrar a causa-raiz dos problemas e aplicar uma correção definitiva e minimizar o impacto de problemas que não podem ser prevenidos ou resolvidos.
Gerenciamento de Acesso (*Access Management*)	É o processo responsável por permitir que os usuários façam uso de serviços, dados ou outros ativos de TI. O Gerenciamento de Acesso ajuda a proteger a confidencialidade, a integridade e a disponibilidade de ativos através da garantia de que apenas usuários autorizados sejam capazes de acessar ou modificar esses ativos. Implementa as políticas de Gerenciamento de Segurança da Informação e é, algumas vezes, chamado de Gerenciamento de Identidade ou de Gerenciamento de Direitos.

Função	Descrição
Central de Serviço (*Service Desk*)	É um ponto único de contato entre o Provedor de Serviço e os usuários a fim de e gerenciar a resolução de incidentes e assuntos relacionados ao suporte. Uma Central de Serviço típica gerencia incidentes, requisições de serviço e também a comunicação com os usuários. A Central de Serviços deve facilitar a restauração da operação normal do serviço com o mínimo de impacto no Negócio, dentro dos requisitos e prioridades definidos nos Acordos de Nível de Serviço. É atribuição dessa função o registro de detalhes de incidentes e de requisições de serviço, investigação e diagnóstico de incidentes em primeiro nível e a restauração normal do serviço o mais rápido possível.

12 • ITIL Foundation

Gerenciamento Técnico (*Technical Management*)	É a função responsável por fornecer habilidades técnicas para o suporte de serviços de TI e o gerenciamento de infraestrutura de TI. Define os papéis dos grupos de suporte e também as ferramentas, processos e procedimentos necessários. Disponibiliza conhecimento técnico para, rapidamente, diagnosticar e resolver qualquer falha técnica que venha a ocorrer.
Gerenciamento de Operações de TI (*IT Operations Management*)	É a função dentro de um provedor de serviço de TI que realiza as atividades diárias necessárias para o gerenciamento de um ou mais serviços de TI e da infraestrutura de TI de que eles dependem. Provê aplicação de conhecimento operacional para diagnosticar e resolver qualquer falha de operações. É responsável por gerenciar o dia a dia da manutenção e infraestrutura de TI para garantir a entrega dos Níveis de Serviço acordados. Deve manter o padrão de qualidade para atingir a estabilidade dos processos e atividades da organização, utilizar habilidades operacionais para diagnosticar e resolver problemas operacionais de TI e propor melhorias no serviço a um custo justificado. O Gerenciamento de Operações de TI inclui as subfunções de Controle de Operações de TI e Gerenciamento de Instalações. O Gerenciamento de Instalações é responsável pelos equipamentos em um centro de dados ou sala de computadores, por equipamentos de energia e resfriamento e pelos locais de recuperação de desastre. Já, o Controle de Operações de TI é responsável pelo gerenciamento de consoles, programação de *jobs*, *backup* e *restore* e atividades de manutenção.
Gerenciamento de Aplicativo (*Application Management*)	É a função responsável por gerenciar aplicativos durante os seus ciclos de vida. Uma das principais decisões para a qual esta função contribui é se um aplicativo deve ser comprado ou construído. Visa garantir que os conhecimentos e habilidade humana são adequados e utilizados de maneira correta e efetiva para gerenciar as aplicações de TI e assim, atender o negócio.

Publicação Melhoria Contínua de Serviço

Apresenta recomendações para a etapa de Melhoria Contínua de Serviço. A Melhoria Contínua de Serviço garante que os serviços estejam alinhados com as necessidades do Negócio em constante mudança por meio da identificação e da implementação de melhorias para os serviços de TI que suportam os Processos de Negócio. O desempenho do Provedor de Serviço de TI é continuamente medido e as melhorias são feitas para processos, serviços de TI e a infraestrutura de TI de forma a aumentar a eficiência, a eficácia e a eficácia de custo. A Melhoria Contínua de Serviço inclui o Processo de Melhoria de Sete Etapas. A tabela a seguir apresenta uma descrição do Processo de Melhoria de Sete Etapas da publicação Melhoria Contínua de Serviço.

Processo	Descrição
Processo de Melhoria de Sete Etapas (*Seven-step Improvement Process*)	É o processo responsável pela definição e gerenciamento das etapas necessárias para identificar, definir, coletar, processar, analisar, apresentar e implementar melhorias. O desempenho do provedor de serviço de TI é continuamente medido por esse processo e as melhorias são feitas aos processos, serviços de TI e infraestrutura de TI de forma a aumentar a eficiência e a eficácia de custo. As oportunidades para melhoria são registradas e gerenciadas no registro da melhoria Contínua de Serviço As atividades do Processo de Melhoria de Sete Etapas são: 1 - Identify the strategy for improvement (Identificar a estratégia de melhoria) 2 - Define what you will measure (Definir o que será medido) 3 - Gather the data (Coletar os dados) 4 - Process the data (Processar os dados) 5 - Analyse the information/data (Analisar as informações/dados) 6 - present/use the information (Apresenta/usar a informação) 7 - Implement improvement (Implementar melhorias)

Capítulo 2

A importância da Certificação ITIL®

Atualmente o mercado de trabalho com Tecnologia da Informação exige que os profissionais se mantenham sempre atualizados. Para isso, todo ano, milhares de estudantes de cursos superiores na área de TI recebem seus diplomas que, teoricamente, atestam que estão preparados para atuarem em uma ou mais áreas de TI. Porém, os cursos superiores são, na grande maioria dos casos, generalistas, ou seja, apresentam de uma maneira geral um conjunto de princípios e tecnologias relacionado à área do curso. Se o aluno deseja se especializar no uso de uma tecnologia e certificar que realmente domina tal tecnologia, precisa estudar muito tal tecnologia e fazer uma ou mais provas de certificação. A certificação é o atestado emitido pela organização que detém os direitos sobre tal tecnologia de que o profissional realmente a domina. Em muitos casos as certificações têm um peso até mesmo maior do que um diploma de ensino superior.

Mesmo com tantas vagas na área de TI, o diploma de um curso superior e o domínio do inglês não garantem uma boa colocação no mercado. As empresas estão exigindo conhecimentos práticos das tecnologias e exigindo cada vez mais as certificações. O mercado de trabalho vê em um profissional certificado a garantia de que ele domina certos conteúdos de interesse.

As certificações ITIL® (principalmente a de nível *Foundation*) estão se tornando um pré-requisito para diversos cargos da área de TI por tratar do Gerenciamento de Serviços de TI, que faz parte do dia a dia da maioria dos profissionais de TI, independente da área de atuação. As certificações ITIL® têm se tornado um diferencial para conquistar vagas no mercado de trabalho.

Diversos sites especializados apontam a certificação ITIL® de nível *Foundation* entre as 10 certificações da área de TI, mais procuradas e valorizadas mundialmente pelas empresas em 2013.

Certificações ITIL® v3

O esquema de qualificação da ITIL® v3 fornece diversas certificações para profissionais que desejam se especializar em Gerenciamento de Serviços de TI.

As certificações ITIL® v3 possuem os níveis *Foundation* (Fundamentos), *Intermediate* (Intermediário), *Expert* (Especialista) e *Master* (mestre). A figura a seguir mostra os níveis de certificação ITIL®:

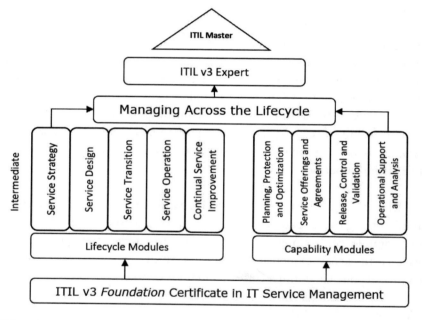

Nível *Foundation*

ITIL® v3 *Foundation* é a certificação básica da ITIL® que pode ser obtida por meio do estudo das cinco publicações. Para prestar este exame o candidato não precisa participar de nenhum treinamento oficial podendo estudar por conta própria. Os exames são oferecidos por vários institutos autorizados, como EXIN e ISEB que oferecem o exame através dos centros de testes PROMETRIC e VUE. O exame pode ser feito nas modalidades presencial ou online em instituições autorizadas.

Exame para certificação ITIL® *Foundation* na modalidade presencial

Em São Paulo o exame presencial do EXIN pode ser feito no SENAC Consolação. A taxa para fazer o exame presencial é de cerca de US$ 150,00. Assim que o candidato paga a taxa referente ao exame, poderá agendar a prova para o mesmo dia ou para outra data, de acordo com a disponibilidade de horário.

Exame para certificação ITIL® *Foundation* na modalidade online

Para fazer o exame online, o candidato agenda a prova escolhendo uma data e um horário conveniente. No dia da prova, um tutor o acompanha em tempo real para garantir a conduta do exame dentro das regras, ou seja, sem que ele consulte qualquer material. A prova no modelo online da certificação ITIL® *Foundation* custa US$ 179 pelo EXIN.

Características do exame

O exame tem a duração de 60 minutos e é composto por 40 questões de múltipla escolha com quatro alternativas e apenas uma resposta correta por questão. É necessário obter no mínimo 65% de acerto para obter a aprovação.

Ao obter a certificação ITIL® v3 *Foundation* o candidato acumula dois créditos.

O exame da EXIN para certificação ITIL® *Foundation* possui questões distribuídas em oito eixos de conhecimento, a saber:

1. *Service Management as a Practice* (Gerenciamento de Serviço como uma prática).
2. *The Service Lifecycle* (Ciclo de Vida do Serviço).
3. *Generic Concepts and Definitions* (conceitos genéricos e definições).
4. *Key Principles and Models* (princípios fundamentais e modelos).
5. *Major Processes* (processos principais).
6. *Minor Processes* (processos menores).
7. *Functions* (funções).
8. *Roles* (papéis).

18 • ITIL Foundation

Nota: Nos simulados disponíveis nesse livro, procurou-se distribuir as questões respeitando os 8 eixos de conhecimento que compõem o exame do EXIN.

Ao concluir o exame, o candidato receberá um relatório (*Examination Score Report*) com a pontuação mínima exigida, sua pontuação e seu desempenho por eixo de conhecimento. Dentro de um mês, o candidato receberá o certificado pelo correio, porém, ao término da prova, pode consultar seu histórico de acertos e outras informações pelo site.

Nível Intermediário

Este nível é modular e dividido em duas áreas: *Lifecycle Modules* e *Capability Modules*. Para tirar qualquer uma das certificações desse nível é necessário possuir a certificação ITIL® V3 *Foundation*.

Lifecycle Modules

A certificação nos *Lifecycle Modules* é destinada a quem quer ter um entendimento do Ciclo de Vida do Serviço e seus estágios. É voltada para a aplicação prática dos princípios, funções, processos e atividades de cada etapa do ciclo de vida, do serviço de acordo com a ITIL® v3. É necessário fazer um curso oficial, com no mínimo 21 horas de duração, para poder prestar cada um dos exames de certificação. Cada certificação acumula três créditos.

Capability Modules

A certificação nos *Capability Modules* é orientada para processos, funções e papéis dentro de uma organização. É voltada para a aplicação prática dos processos e atividades de processos. Também é necessário fazer um curso oficial com no mínimo 30 horas de duração para poder prestar cada um dos exames de certificação, um para cada módulo. Cada certificação acumula quatro créditos.

Managing Across the Lifecycle (Gerenciando através do Ciclo de Vida)

A certificação ITIL® v3 *Foundation* concede dois créditos, cada certificação *Lifecycle Module* concede três créditos e cada certificação nos *Capability Modules* concede quatro créditos. Após completar 17 créditos, o candidato está apto a fazer o curso para buscar a certificação *Managing Across the Lifecycle*. Essa certificação é destinada a gerentes de serviços, e cobra conhecimentos sobre questões de negócio, mudança estratégica, gerenciamento de riscos e avaliação do projeto de ciclo de vida. Para fazer a prova de certificação é necessário fazer um curso oficial, que tem duração mínima de 30 horas. Ao passar nesse exame o candidato acumula mais cinco créditos e, após obter vinte e dois créditos, recebe a certificação ITIL® v3 Expert.

Características das provas

As provas para a obtenção das certificações nos *Lifecycle Modules*, nos *Capability Modules* e no *Managing Across the Lifecycle* consistem em questões complexas de múltipla escolha, baseadas em estudo de caso, que devem ser respondidas em uma hora e meia. O candidato precisa acertar 70% das questões para obter cada uma das certificações.

Certificação ITIL® V3 Expert

Ao acumular o mínimo de vinte e dois créditos obtidos nas certificações anteriores, o candidato recebe o certificado ITIL® V3 Expert.

Certificação ITIL® Master

Este é o nível mais elevado de certificação ITIL® V3 que é voltado para pessoas experientes no mercado, tipicamente especialistas, consultores ou gerentes, com cinco anos ou mais de experiência relevante. Para poder obter essa certificação, o candidato precisa ser certificado ITIL® V3 Expert e elaborar uma proposta de adoção da ITIL® em uma situação real. Se a proposta for aprovada, o candidato ainda terá que defendê-la para uma Banca.

Capítulo 3

Simulado 1

A partir deste capítulo você terá acesso aos simulados preparatórios para a prova de certificação ITIL v3 *Foundation*. No final de cada simulado, você encontrará o gabarito e a correção comentada de cada questão.

Associando processos às fases do ciclo de vida

Crie um mapa mental das fases do ciclo de vida do serviço e dos processos de cada fase, baseando-se no objetivo e características da fase. Por exemplo, se você sabe que a fase de Estratégia de Serviço é voltada para o Gerenciamento de Serviços de TI como ativos estratégicos, consegue associar a essa fase, pelo menos, os processos de Gerenciamento Estratégico para Serviços de TI, Gerenciamento Financeiro para Serviços de TI e Gerenciamento de Relacionamento de Negócio. Considerando que o Portfólio de Serviços de TI é o conjunto de todos os serviços gerenciados por um Provedor de Serviços, já dá para identificar o processo de Gerenciamento de Portfólio de Serviço como um processo de nível estratégico e associá-lo à fase de Estratégia de Serviço. Considerando também que a demanda do cliente por serviços de TI precisa ser entendida, prevista e muitas vezes influenciada, percebe-se que essas ações impactam no aspecto estratégico, o que permite associar o processo de Gerenciamento de Demanda à fase de Estratégia de Serviço.

Dica: Se você souber bem os objetivos de cada fase, terá maiores chances de identificar os processos associados a elas e de identificar a alternativa correta em questões que cobram esses conhecimentos.

Simulado

1) Consiste em um objetivo da ITIL®:

A) estabelecer e melhorar as capacidades no gerenciamento de serviços de TI.
B) prover as melhores práticas no gerenciamento de projetos de TI.
C) estabelecer um padrão formal para organizações que buscam ter as capacidades do gerenciamento de serviços auditadas e certificadas.
D) estabelecer regras rígidas para a prestação de serviços de TI com qualidade.

2) Considere as afirmações a seguir:

I.   São mensuráveis.
II. Entregam resultados específicos.
III. Possuem clientes.
IV. Respondem a eventos específicos.

São características dos processos o que conta em

A) I, II, III e IV.
B) I e II, apenas.
C) I e III, apenas.
D) I, III e IV, apenas.

3) Os clientes podem receber utilidade e garantia através de:

A) contratos de apoio.
B) uma equipe de TI especializada.
C) um conjunto de recursos adequado.
D) uma ou mais opções de serviço.

Capítulo 3 Simulado 1 • **23**

4) Sobre a Matriz de Atribuição de Responsabilidade (RACI), é correto afirmar que:

A) pode-se ter mais do que uma pessoa responsável (*responsible*) pela execução de uma atividade.

B) pode-se ter mais de um prestador de contas (*accountable*) em cada atividade.

C) deve-se ter no mínimo duas pessoas responsáveis pela execução de uma atividade em cada linha da matriz.

D) prestador de contas (*accountable*) é o papel de quem executa a atividade e é o responsável financeiro pela mesma.

5) Um dos objetivos da fase de Estratégia de Serviço é:

A) preparar as organizações para lidarem com os custos e riscos associados ao seu Portfólio de Serviços.

B) desenhar os processos necessários para operar um novo serviço ou um serviço modificado.

C) planejar e gerenciar os requisitos de capacidade e recursos para gerenciar uma liberação.

D) projetar novos serviços ou alterações em serviços para introdução no ambiente de produção.

6) O processo da Estratégia de Serviço que é responsável pela definição da visão e direção da empresa, da posição em relação aos concorrentes, do planejamento para atingir a visão, dos padrões de ação e decisão com relação aos seus serviços e por garantir que a organização alcance os objetivos de Negócio esperados é o processo de:

A) Gerenciamento de Portfólio de Serviço.

B) Gerenciamento de Demanda.

C) Gerenciamento Estratégico de Serviços de TI.

D) Gerenciamento de Relacionamento de Negócio.

7) Uma análise detalhada, realizada para avaliar o impacto e benefício de um serviço ao Negócio, muitas vezes é feita por uma ferramenta de planejamento e suporte à decisão. Essa análise é realizada em:

24 • ITIL Foundation

A) uma Estratégia de Serviço.
B) um Suporte à Decisão.
C) uma Estratégia de Negócio.
D) um Caso de Negócio.

8) A atividade do processo de Gerenciamento Financeiro para Serviços de TI onde se prevê e controla o gasto em dinheiro e que consiste em ciclos de negociações periódicas para definição de orçamentos futuros (normalmente anuais), monitoração diária e ajustes dos orçamentos correntes é chamada de:

A) Cobrança.
B) Contabilidade.
C) Planejamento Orçamentário.
D) Mudança.

9) O processo que identifica as necessidades do cliente e garante que o provedor de serviços seja capaz de atender a essas necessidades com um catálogo de serviços adequado é o processo de:

A) Gerenciamento de Demanda.
B) Gerenciamento de Relacionamento de Negócio.
C) Gerenciamento de Nível de Serviço.
D) Gerenciamento de Capacidade.

10) Um bom desenho agrega valor ao Negócio e contribui para:

I. Redução do custo total de propriedade (*Total Cost of Ownership*) e melhoria da qualidade.
II. Melhoria da consistência dos serviços e facilidade na implementação.
III. Melhor alinhamento dos serviços com as necessidades do Negócio e melhor performance.
IV. Melhoria dos processos de gestão e nas informações para a tomada de decisão.

Está correto o que se afirma em:

A) I, II, III e IV.
B) II e IV, apenas.
C) I e III, apenas.
D) II e III, apenas.

11) Trata-se de um novo modelo de fornecimento de serviço em que o conhecimento é visto como um produto. Nesse modelo, o conhecimento e as informações relacionadas aos processos e atividades são gerados e realizados por fornecedores, visando a redução dos custos de transação internos.

O modelo citado é conhecido como:

A) *Business Process Outsourcing* (Terceirização de Processos de Negócios).
B) *Knowledge Process Outsourcing* (Terceirização de Processos de Conhecimento).
C) *Application Service Provider* (Provedor de Serviço de Aplicativo).
D) *Partnership* (parceria).

12) Este processo é responsável pela negociação de Acordos de Nível de Serviço atingíveis e por garantir que todos eles sejam alcançados. É responsável também por garantir que todos os processos do gerenciamento de serviço de TI, Acordos de Nível Operacional e Contratos de Apoio, sejam adequados para as metas de Nível de Serviço acordadas. Monitora e reporta os Níveis de Serviço, mantém revisões de serviço regulares com os clientes e identifica melhorias requeridas.

O processo citado faz parte da publicação Desenho de Serviço e é conhecido como:

A) Gerenciamento de Catálogo de Serviço.
B) Gerenciamento de Portfólio de Serviço.
C) Gerenciamento de Nível de Serviço.
D) Gerenciamento de Demanda.

13) Algumas empresas têm escolhido adotar Acordos de Nível de Serviço Multi-nível, que é estruturado em três camadas:

A) Nível Operacional, Nível Estratégico e Nível Gerencial.
B) Nível Corporativo, Nível do Cliente e Nível do Serviço.
C) Nível de Serviço, Nível do Produto e Nível Misto.
D) Nível de Produção, Nível Gerência e Nível de Governança.

14) Os processos da publicação Desenho de Serviço que revisam os Contratos de Apoio de forma regular são os processos de:

A) Gerenciamento de Catálogo de Serviço e Gerenciamento de Nível de Serviço.
B) Gerenciamento de Fornecedor e Gerenciamento de Nível de Serviço.
C) Gerenciamento de Disponibilidade e Gerenciamento de Capacidade.
D) Gerenciamento de Continuidade de Serviço de TI e Gerenciamento de Segurança da Informação.

15) NÃO é uma responsabilidade do Gerente de Nível de Serviço:

A) Garantir que os requisitos do cliente para serviços atuais e futuros sejam compreendidos e documentados nos documentos de Acordo de Nível de Serviço.
B) Negociar e estabelecer Acordos de Nível Operacional.
C) Garantir que os serviços operacionais e todos os serviços preparados para entrar em produção sejam registrados no Catálogo de Serviços.
D) Garantir que as quebras de objetivo de Acordos de Nível de Serviço sejam investigadas.

16) A parte de um Processo de Negócio que é crítica para o sucesso do Negócio e é considerada importante no Gerenciamento de Continuidade de Negócio, Gerenciamento de Continuidade de Serviço de TI e Gerenciamento de Disponibilidade é conhecida como:

A) Item de Configuração.
B) Ponto Único de Contato.
C) Serviço Principal.
D) Função de Negócio Vital.

17) O subprocesso do Gerenciamento de Capacidade da publicação Desenho de Serviço, que é responsável pelo entendimento da capacidade, uso e desempenho dos Itens de Configuração é o:

A) Gerenciamento de Capacidade de Componente.
B) Gerenciamento de Capacidade de Negócio.
C) Gerenciamento de Capacidade de Serviço.
D) Gerenciamento de Capacidade de Processo.

18) O processo da publicação Desenho de Serviço que suporta o Gerenciamento de Continuidade de Negócio é o processo de:

A) Gerenciamento de Capacidade.
B) Gerenciamento de Disponibilidade.
C) Gerenciamento de Continuidade de Serviço de TI.
D) Gerenciamento de Segurança da Informação.

19) O processo da publicação Desenho de Serviço responsável por garantir que a confidencialidade, integridade e disponibilidade dos ativos, informações, dados e serviços de TI de uma organização correspondam às necessidades acordadas do Negócio é o processo de:

A) Gerenciamento de Capacidade.
B) Gerenciamento de Disponibilidade.
C) Gerenciamento de Continuidade de Serviço de TI.
D) Gerenciamento de Segurança da Informação.

20) A publicação Transição de Serviço inclui os seguintes processos: Planejamento e Suporte a Transição, Gerenciamento de Mudança, Gerenciamento de Configuração e de Ativos de Serviço, Gerenciamento de Liberação e Implantação, Avaliação de Mudança, Gerenciamento de Conhecimento e

A) Cumprimento de Requisição.
B) Gerenciamento de Acesso.
C) Validação e Teste de Serviço.
D) Gerenciamento de Disponibilidade.

28 • ITIL Foundation

21) Sobre o processo de Gerenciamento de Mudança é INCORRETO afirmar que:

A) a equipe requer menos treinamento do que outros profissionais do TI.
B) conscientização da cultura organizacional e prioridades do Negócio são essenciais para a equipe da Central de Serviços executar bem o seu trabalho.
C) a equipe deve representar as visões do cliente durante as negociações do Acordo de Nível de Serviço.
D) habilidades técnicas são mais importantes do que conhecimento do Negócio ou habilidades interpessoais.

22) As ações tomadas para recuperação após uma mudança ou liberação que falhou, que pode incluir retorno, invocação de Planos de Continuidade de Serviço ou outras ações projetadas para permitir que o Processo de Negócio continue, são conhecidas como:

A) Recuperação.
B) Análise de Risco.
C) Solução de Contorno.
D) Remediação.

23) O nome do organismo responsável por decidir sobre mudanças a serem implementadas mais rapidamente do que no processo de mudança normal é:

A) Comitê Gerencial de TI.
B) Comitê Consultivo de Mudanças Emergenciais.
C) Comitê Executivo de Negócio.
D) Comitê Consultivo de Mudanças.

24) Considere as ações a seguir:

I. Avaliar o impacto e a causa de incidentes e problemas.
II. Avaliar o impacto das mudanças propostas.
III. Planejar e desenhar serviços novos ou modificados.
IV. Planejar renovação de tecnologia e atualizações de software.

Um Modelo de Configuração pode ser usado para ajudar no que consta nos itens:

A) I, II, III e IV.
B) I, II e IV, apenas.
C) III e IV, apenas.
D) I, II e III, apenas.

25) A área para atendimento local, separada do Depósito Seguro, onde deve ser mantido um estoque de acessórios e equipamentos de hardware para substituir equipamentos ou peças danificadas é conhecida como:

A) Biblioteca de Mídia Definitiva.
B) Sobressalentes Definitivos.
C) Catálogo de Hardware.
D) Reservatório de Hardware Adicional.

26) É a configuração em um determinado instante de um serviço, produto ou infraestrutura formalmente revisada e acordada, que é usada como um ponto de referência e serve como base para outras atividades.

O texto define:

A) Linha de Base de Desempenho.
B) Linha de Base de Gerenciamento de Serviços de TI.
C) Referência.
D) Linha de Base de Configuração.

27) Aos componentes de um serviço de TI ou infraestrutura que normalmente são liberados em conjunto dá-se o nome de:

A) Unidade de Liberação.
B) Pacote de Serviço.
C) Item de Configuração.
D) Ativo Fixo.

30 • ITIL Foundation

28) Os _____ incluem a abordagem, mecanismos, processos, procedimentos e recursos requeridos para construir e distribuir a liberação do serviço em tempo hábil e dentro do orçamento.

A lacuna é preenchida corretamente por:

A) Pacotes de Serviço.
B) Modelos de Liberação e de Implantação.
C) Pacotes de Implantação.
D) Modelo de Mudança.

29) NÃO é uma atividade do processo de Avaliação de Mudança:

A) Planejamento e avaliação de mudança.
B) Estabelecimento do desempenho desejado.
C) Avaliação do desempenho atual.
D) Realização de testes de serviço.

30) A publicação Operação de Serviço inclui os seguintes processos: Gerenciamento de Evento, Gerenciamento de Incidente, Gerenciamento de Problema, Gerenciamento de Acesso e...

A) Gerenciamento de Liberação e de Implantação.
B) Gerenciamento de Problemas.
C) Cumprimento de Requisição.
D) Gerenciamento de Nível de Serviço.

31) Considere:

I. Monitorar um serviço de TI e detectar quando o desempenho cai abaixo dos limites aceitáveis.
II. Desenvolver habilidade para detectar eventos, determinar como um evento faz sentido em relação a outros e determinar a ação de controle apropriada.
III. Comparar o comportamento e desempenho atuais do serviço contra os padrões de desempenho do serviço e Acordos de Nível de Serviço.

É responsabilidade do processo de Gerenciamento de Evento o que se afirma em:

A) I, II e III.
B) I, apenas.
C) I e II, apenas.
D) II, apenas.

32) Considere as situações a seguir:

I.   Um segmento da rede falha e os usuários não percebem a interrupção do serviço.
II. Um usuário é incapaz de acessar um serviço durante o período em que o serviço está em operação.
III. Um usuário entra em contato com a Central de Serviços relatando a lentidão no uso de um aplicativo.

As situações apresentadas que devem ser tratadas como um incidente são:

A) I, II e III.
B) I, apenas.
C) II, apenas.
D) II e III, apenas.

33) A atividade do processo de Gerenciamento de Incidente que normalmente é determinada, levando em consideração a urgência do incidente e o nível de impacto é a atividade:

A) Priorizar Incidente.
B) Escalonar Incidente.
C) Investigar e Diagnosticar.
D) Identificar Incidente.

32 • ITIL Foundation

34) Sobre Requisições de Serviço é INCORRETO afirmar que:

A) Um *reset* de senha é considerado um exemplo de requisição de serviço.
B) São normalmente tratadas pela Central de Serviços.
C) O provisionamento de um serviço de TI padrão para um novo usuário é um exemplo de requisição de serviço.
D) Requerem a submissão de uma Requisição de Mudança.

35) Um problema que possui uma causa-raiz identificada e uma solução de contorno documentada é conhecido como:

A) falha.
B) erro conhecido.
C) incidente.
D) evento.

36) Sobre o relacionamento organizacional entre as Funções da Operação de Serviço, considere:

I.   O Gerenciamento Técnico cria guias de operações da infraestrutura, que é parte da comunicação diária com o Gerenciamento de Operações de TI.
II. O Gerenciamento Técnico projeta a infraestrutura que suporta a aplicação para atender os requisitos não funcionais do serviço.
III. O Gerenciamento de Aplicativo cria guias de operações da Aplicação, que é parte da comunicação diária com o Gerenciamento de Operações de TI.

Está correto o que se afirma em:

A) I, II e III.
B) I e II, apenas.
C) II, apenas.
D) I e III, apenas.

37) Uma modalidade de Centrais de Serviço ao redor do mundo para prover serviços em regime 24/7 de forma transparente onde chamadas, incidentes, problemas e requisições de serviço são encaminhados entre os grupos que estão em diferentes fusos horários é conhecida como

A) Local.
B) Siga o Sol.
C) Centralizada.
D) Virtual.

38) A publicação Melhoria Contínua de Serviço inclui:

A) os processos de Gerenciamento do Conhecimento e Gerenciamento de Fornecedor.
B) o processo de Melhoria de Sete Etapas.
C) o processo de Gerenciamento do Catálogo de Serviços.
D) a função Central de Serviços.

39) As etapas do processo de Melhoria de Sete Etapas são:

1. Identificar a estratégia de melhoria.
2. Definir o que será medido.
3. Coletar os dados
4. Processar os dados
5. Analisar os dados
6. ?
7. ?

As etapas 6 e 7 são, respectivamente:

A) Classificar os dados e Tratar as informações.
B) Usar a informação e Realizar correções.
C) Apresentar/usar a informação e Implementar melhorias.
D) Classificar os dados e Realizar correções.

34 • ITIL Foundation

40) NÃO é um papel existente na fase de Melhoria Contínua de Serviço:

A) Gerente de Melhoria Contínua de Serviço.
B) Gerente de Serviço.
C) Proprietário de Processos.
D) Gerente de Produto.

Gabarito do Simulado 1

1	2	3	4	5	6	7	8	9	10
A	A	D	A	A	C	D	C	B	A
11	12	13	14	15	16	17	18	19	20
B	C	B	B	C	D	A	C	D	C
21	22	23	24	25	26	27	28	29	30
B	D	B	A	B	D	A	B	D	C
31	32	33	34	35	36	37	38	39	40
A	A	A	D	B	A	B	B	C	D

Correção do Simulado 1

Questão 1: Objetivo da ITIL®.

Alternativa correta: A

A) **Correta:** Um dos objetivos da ITIL® é estabelecer e melhorar as capacidades no gerenciamento de serviços de TI.
B) Incorreta: ITIL® não é voltado para o gerenciamento de projetos de TI, mas sim ao gerenciamento de serviços. Quem trata do gerenciamento de projetos é, por exemplo, o guia PMBoK.
C) Incorreta: ITIL® não estabelece um padrão formal. A ISO 20000, baseada no ITIL® sim, estabelecer um padrão formal para organizações que buscam ter as capacidades do gerenciamento de serviços auditadas e certificadas.
D) Incorreta: ITIL® não estabelece regras rígidas, mas sim recomendações para proporcionar um gerenciamento de serviços de qualidade.

Capítulo 3   Simulado 1   •   **35**

Questão 2: Conceitos e definições da ITIL® - Processos.

Alternativa correta: A

Todos os itens estão corretos.

I) Correto: Processos são mensuráveis – Nos processos normalmente necessita--se de mensurar custos, qualidade, duração, produtividade etc.

II) Correto: Processos entregam resultados específicos – Um processo só existe porque entrega algum resultado específico.

III) Correto: Processos possuem clientes – os processos entregam resultados primários para os clientes para atender suas expectativas.

IV) Correto: Processos respondem a eventos específicos – Os processos devem permitir seu rastreamento até gatilhos específicos. Esses gatilhos são disparados em resposta a eventos específicos.

Questão 3: Conceitos e definições da ITIL® – Utilidade e garantia.

Alternativa correta: D

A) Incorreta: Um contrato de apoio é um contrato realizado entre um provedor de serviço e um terceiro que deve prover bens e serviços para dar suporte à entrega do um serviço de TI ao cliente. Isso não garante a entrega de utilidade e garantia ao cliente.

B) Incorreta: Ter uma equipe de TI especializada não garante entrega de utilidade e garantia ao cliente. Os serviços são quem entregam utilidade e garantia ao cliente.

C) Incorreta: Não bastam apenas recursos (*resources*). São também necessárias habilidades (*capacities*), para entregar serviços que possuam utilidade e garantia.

D) **Correta:** As opções de utilidade e garantia, são fornecidas para um cliente na forma de um ou mais serviços. O valor de um serviço de TI para um cliente é percebido por meio de sua utilidade e garantia.

36 • ITIL Foundation

Questão 4: Conceitos e definições da ITIL® – Matriz RACI.

Alternativa correta: A

A) **Correta:** Uma atividade pode ter mais do que uma pessoa responsável por sua execução.
B) Incorreta: Apenas uma pessoa deve ser prestadora de contas em cada atividade.
C) Incorreta: Deve-se ter no mínimo uma pessoa responsável pela execução de uma atividade em cada linha da matriz.
D) Incorreta: Prestador de contas é o papel de quem é o responsável final pelo resultado da decisão relacionada à atividade. Normalmente, o dono do processo é o prestador de contas do processo.

Questão 5: Publicação Estratégia de Serviço – Objetivo.

Alternativa correta: A

A) **Correta:** A fase de Estratégia de Serviço tem como um de seus objetivos, preparar as organizações para lidarem com os custos e riscos associados aos serviços disponibilizados em seu portfólio.
B) Incorreta: A fase que tem como um de seus objetivos desenhar os processos necessários para operar um novo serviço ou um serviço modificado é a Desenho de Serviço.
C) Incorreta: A fase que tem como um de seus objetivos planejar e gerenciar os requisitos de capacidade e recursos para gerenciar uma liberação é a fase de Transição de Serviço.
D) Incorreta: A fase que tem como um de seus objetivos projetar novos serviços ou alterações em serviços para introdução no ambiente de produção é a fase de Desenho de Serviço.

Questão 6: Publicação Estratégia de Serviço – Processo de Gerenciamento Estratégico para Serviços de TI.

Alternativa correta: C

A) Incorreta: O processo de Gerenciamento de Portfólio de Serviço visa garantir que os investimentos nos serviços de TI agreguem valor para o Negócio.

B) Incorreta: O processo de Gerenciamento de Demanda objetiva entender e influenciar a demanda dos clientes para os serviços e a provisão de capacidade para atender a essa demanda.

C) **Correta:** O processo de Gerenciamento Estratégico de Serviços de TI se preocupa com questões estratégicas, como com a visão e direção da empresa, a posição da empresa em relação aos concorrentes, o planejamento dos serviços em relação a aspectos estratégicos, os padrões de ação e decisão com relação aos serviços etc.

D) Incorreta: O processo de Gerenciamento de Relacionamento de Negócio objetiva manter um relacionamento positivo com os clientes, identificando a necessidade desses clientes e garantindo que suas necessidades sejam atendidas.

Questão 7: Publicação Estratégia de Serviço – Caso de Negócio.

Alternativa correta: D

A) Incorreta: Estratégia de Serviço é uma publicação da ITIL® que tem uma abordagem muito ampla em relação aos serviços em nível estratégico para o Negócio. A análise de um serviço para avaliar o impacto e o benefício deste para a organização é feita em um Caso de Negócio.

B) Incorreta: A análise de um serviço para avaliar o impacto e o benefício deste para a organização é feita em um Caso de Negócio, não em Suporte à Decisão.

C) Incorreta: Em uma Estratégia de Negócio é até possível que se analise o impacto e benefícios de um serviço, porém, isso é feito em um Caso de Negócio.

D) **Correta:** Um Caso de Negócio (*Business Case*) é normalmente tratado por uma ferramenta de planejamento e suporta a decisão que faz uma análise detalhada do impacto e benefícios de um serviço para o Negócio.

38 • ITIL Foundation

Questão 8: Publicação Estratégia de Serviço – Processo de Gerenciamento Financeiro – Planejamento Orçamentário.

Alternativa correta: C

A) Incorreta: A cobrança de serviços de TI é a atividade de requerer pagamento pelos serviços de TI. É opcional e várias organizações escolhem por tratar o seu provedor de serviço de TI como centro de custo.

B) Incorreta: Contabilidade (*accounting*) é a atividade responsável pela identificação dos custos reais da entrega de serviços de TI, comparando estes com os custos previstos no orçamento e gerenciando variações do orçamento.

C) **Correta:** Planejamento Orçamentário é a atividade do processo de Gerenciamento Financeiro para Serviços de TI onde se prevê e controla o gasto em dinheiro e que consiste em ciclos de negociações periódicas para definição de orçamentos futuros (normalmente anuais), monitoração diária e ajustes dos orçamentos correntes.

D) Incorreta: Mudança é a atividade de fazer acréscimo, modificação ou remoção de qualquer coisa que possa afetar serviços de TI. Não faz parte do processo de Gerenciamento Financeiro para Serviços de TI.

Questão 9: Publicação Estratégia de Serviço – Processo de Gerenciamento do Relacionamento de Negócio.

Alternativa correta: B

A) Incorreta: O Processo de Gerenciamento de Demanda tem como objetivo suportar o Padrão de Atividade de Negócio (PAN), influenciar a demanda do cliente por serviços e prover capacidade para atender essas demandas.

B) **Correta:** O Processo de Gerenciamento de Relacionamento de Negócio é responsável por manter um bom relacionamento com o cliente, antecipando suas necessidades e oferecendo um catálogo de serviços adequado.

C) Incorreta: O processo de Gerenciamento de Nível de Serviço tem como objetivo garantir que o nível de serviço acordado seja fornecido para todos os serviços de TI, atualmente em operação.

D) Incorreta: O processo de Gerenciamento de Capacidade tem como objetivo garantir que exista capacidade em todas as áreas de TI para atender as necessidades do Negócio acordadas, atuais e futuras, em tempo hábil.

Capítulo 3   Simulado 1   •   **39**

Questão 10: Publicação Desenho de Serviço – Contribuições do desenho de um serviço.

Alternativa correta: A

Todos os itens estão corretos.
Um bom desenho agrega valor ao Negócio e contribui para:
* Redução do custo total de propriedade (*Total Cost of Ownership*).
* Melhoria da qualidade.
* Melhoria da consistência dos serviços.
* Facilidade na implementação.
* Melhor alinhamento dos serviços com as necessidades do Negócio.
* Melhor performance.
* Melhoria dos processos de gestão.
* Melhores informações para a tomada de decisão.
* Governança aprimorada.

Questão 11: Publicação Desenho de Serviço - Terceirização de Processos de Conhecimento.

Alternativa correta: B

A) Incorreta: *Business Process Outsourcing* (Terceirização de Processos de Negócios) envolve a terceirização não somente de um serviço, mas de uma cadeia de processos que pode entregar vários serviços aos clientes.

B) **Correta:** *Knowledge Process Outsourcing* (Terceirização de Processos de Conhecimento) é um modelo de fornecimento de serviço em que o conhecimento é visto como um produto.

C) Incorreta: *Application Service Provider* (Provedor de Serviço de Aplicativo) trata-se do fornecimento de aplicações únicas para suportar serviços. Trata-se de serviços de TI em forma de software acessados e executados dentro de um provedor de serviços externo através da rede ou da Internet.

D) Incorreta: *Partnership* (parceria) trata-se de um arranjo para as organizações trabalharem em conjunto, as atividades são distribuídas entre os fornecedores. Envolve um trabalho conjunto para alcançar objetivos comuns e compartilhar benefícios, oportunidades de mercado ou riscos associados aos serviços.

40 • ITIL Foundation

Questão 12: Publicação Desenho de Serviço – Processo de Gerenciamento de Nível de Serviço.

Alternativa correta: C

A) Incorreta: O processo de Gerenciamento de Catálogo de Serviço é responsável por fornecer e manter o catálogo de serviço e por garantir que esteja disponível àqueles autorizados a acessá-lo.

B) Incorreta: O Gerenciamento de Portfólio de Serviço é um processo da publicação Estratégia de Serviço, não da publicação Desenho de Serviço.

C) **Correta:** O processo de Gerenciamento de Nível de Serviço é responsável pela negociação de Acordos de Nível de Serviço atingíveis e por garantir que todos eles sejam alcançados.

D) Incorreta: O Gerenciamento de Demanda é um processo da publicação Estratégia de Serviço, não da publicação Desenho de Serviço.

Questão 13: Publicação Desenho de Serviço – Processo de Gerenciamento de Nível de Serviço - Acordos de Nível de Serviço Multinível.

Alternativa correta: B

Algumas empresas têm escolhido adotar Acordos de Nível de Serviço Multinível, que é estruturado em três camadas: Nível Corporativo, Nível do Cliente e Nível do Serviço.

Questão 14: Publicação Desenho de Serviço – Conceitos do processo de Gerenciamento de Nível de Serviço – Contrato de Apoio.

Alternativa correta: B

Os processos da publicação Desenho de Serviço que revisam os Contratos de Apoio de forma regular são os processos de Gerenciamento de Fornecedor e Gerenciamento de Nível de Serviço.

Capítulo 3   Simulado 1   •   **41**

Questão 15: Publicação Desenho de Serviço – Conceitos do Gerenciamento de Nível de Serviço - Gerente de Nível de Serviço.

Alternativa correta: C

Algumas das responsabilidades do Gerente de Nível de Serviço são descritas a seguir:

- Garantir que os requisitos do cliente para serviços atuais e futuros sejam compreendidos e documentados nos documentos de Acordo de Nível de Serviço.
- Garantir que os requisitos do cliente acordados dentro dos Contratos de Apoio estejam alinhados com os objetivos dos Acordos de Nível de Serviço.
- Garantir que os relatórios sejam produzidos para cada serviço do cliente.
- Garantir que as quebras de objetivo de Acordos de Nível de Serviço sejam investigadas.
- Garantir que ações sejam adotadas para evitar recorrências.
- Negociar e acordar com clientes os Níveis de Serviço a serem entregues, formalizando-os em Acordo de Nível de Serviço.
- Negociar e estabelecer Acordos de Nível Operacional.
- Apoiar na elaboração do Portfólio e Catálogo de Serviço.

Garantir que os serviços operacionais e todos os serviços preparados para entrar em produção sejam registrados no Catálogo de Serviços é responsabilidade do Gerente de Catálogo de Serviço, não do Gerente de Nível de Serviço.

Questão 16: Publicação Desenho de Serviço – Processo de Gerenciamento de Disponibilidade - Função de Negócio Vital.

Alternativa correta: D

A) Incorreta: Item de Configuração é qualquer componente ou outro ativo de serviço que precise ser gerenciado de forma a entregar um serviço de TI.

B) Incorreta: Ponto Único de Contato é um local que fornece um modo único e consistente de se comunicar com uma organização ou unidade de Negócio.

42 • ITIL Foundation

C) Incorreta: Serviço Principal é um serviço que entrega os resultados básicos desejados por um ou mais clientes.

D) **Correta:** Função de Negócio Vital (*Vital Business Function*) é a parte de um Processo de Negócio que é crítico para o sucesso do Negócio. É uma consideração importante no Gerenciamento de Continuidade de Negócio, Gerenciamento de Continuidade de Serviço de TI e Gerenciamento de Disponibilidade.

Questão 17: Publicação Desenho de Serviço – Processo de Gerenciamento de Capacidade - Gerenciamento de Capacidade de Componente.

Alternativa correta: A

A) **Correta:** O Gerenciamento de Capacidade de Componente é o subprocesso do Gerenciamento de Capacidade responsável pelo entendimento da capacidade, uso e desempenho dos Itens de Configuração.

B) Incorreta: O Gerenciamento de Capacidade do Negócio é o subprocesso do Gerenciamento de Capacidade responsável pelo entendimento de requisitos de Negócio futuros para uso no Plano da Capacidade.

C) Incorreta: O Gerenciamento de Capacidade de Serviço é o subprocesso de Gerenciamento de Capacidade responsável pelo entendimento do desempenho e da capacidade dos serviços de TI.

D) Incorreta: Não há na ITIL® v3 referência a Gerenciamento de Capacidade de Processo.

Questão 18: Publicação Desenho de Serviço – Processo de Gerenciamento de Continuidade de Serviço de TI.

Alternativa correta: C

O processo da publicação Desenho de Serviço que suporta o Gerenciamento de Continuidade de Negócio é o processo de Gerenciamento de Continuidade de Serviço de TI. Este processo é responsável pelo gerenciamento de riscos que podem impactar seriamente os serviços de TI. Este processo garante que o provedor de serviço de TI pode sempre prover um nível mínimo de serviço acordado, através da redução do risco a um nível aceitável e do planejamento da recuperação dos serviços de TI.

Questão 19: Publicação Desenho de Serviço – Processo de Gerenciamento de Segurança da Informação.

Alternativa correta: D

A) Incorreta: O processo de Gerenciamento de Capacidade da publicação Desenho de Serviço é responsável por garantir que a capacidade dos serviços de TI e a infraestrutura de TI sejam capazes de atender aos requisitos relacionados à capacidade e ao desempenho acordados de maneira oportuna e eficaz em custo.

B) Incorreta: o processo de Gerenciamento de Disponibilidade é responsável por garantir que os serviços de TI atendam às necessidades atuais e futuras de disponibilidade do Negócio de uma maneira mais efetiva em custo e mais oportuna.

C) Incorreta: Gerenciamento de Continuidade de Serviço de TI responsável pelo gerenciamento de riscos que podem impactar seriamente os serviços de TI. Esse processo garante que o provedor de serviço de TI pode sempre prover um nível mínimo de serviço acordado, através da redução do risco a um nível aceitável e do planejamento da recuperação dos serviços de TI.

D) **Correta:** Gerenciamento de Segurança da Informação é o processo responsável por garantir que a confidencialidade, integridade e disponibilidade dos ativos, informações, dados e serviços de TI de uma organização correspondam às necessidades acordadas do Negócio.

Questão 20: Publicação Transição de Serviço – Processos.

Alternativa correta: C

A) Incorreta: O processo de Cumprimento de Requisição faz parte da publicação Operação de Serviço.

B) Incorreta: O processo de Gerenciamento de Acesso faz parte da publicação Operação de Serviço.

C) **Correta:** A publicação Transição de Serviço inclui os seguintes processos: Planejamento e Suporte a Transição, Gerenciamento de Mudança, Gerenciamento de Configuração e Ativos de Serviço, Gerenciamento de Liberação e Implantação, Avaliação de Mudança, Gerenciamento de Conhecimento e Validação e Teste de Serviço.

44 • ITIL Foundation

D) Incorreta: O processo de Gerenciamento de Disponibilidade faz parte da publicação Desenho do Serviço.

Questão 21: Publicação Transição de Serviço – Processo de Gerenciamento de Mudança.

Alternativa correta: B

Conscientização da cultura organizacional e prioridades do Negócio são essenciais para a equipe da Central de Serviços executar bem o seu trabalho, porém essa afirmação (que está correta) não está relacionada ao processo de Gerenciamento de Mudança.

Questão 22: Publicação Transição de Serviço – Processo de Gerenciamento de Mudança – Remediação.

Alternativa correta: D

Remediação (*remediation*) são ações tomadas para recuperação após uma mudança ou liberação que falhou. A remediação pode incluir retorno, invocação de planos de continuidade de serviço ou outras ações projetadas para permitir que o Processo de Negócio continue.

Questão 23: Publicação Transição de Serviço – Processo de Gerenciamento de Mudança - Comitê Consultivo de Mudanças Emergenciais.

Alternativa correta: B

O Comitê Consultivo de Mudanças Emergenciais é um subgrupo do Comitê Consultivo de Mudança que toma decisões sobre mudanças emergenciais (que devem ser realizadas o mais rápido possível).

Questão 24: Publicação Transição de Serviço – Processo de Gerenciamento de Configuração e de Ativos de Serviço.

Capítulo 3   Simulado 1   •   45

Alternativa correta: A

Modelo de Configuração mostra a estrutura de um serviço, ou seja, como os componentes se relacionam. Um Modelo de Configuração pode ser utilizado para ajudar a:

- Avaliar o impacto e a causa de incidentes e problemas.
- Avaliar o impacto das mudanças propostas.
- Planejar e desenhar serviços novos ou modificados.
- Planejar renovação de tecnologia e atualizações de software.

Questão 25: Publicação Transição de Serviço – Gerenciamento de Configuração e de Ativos de Serviço - Sobressalentes Definitivos.

Alternativa correta: B

A) Incorreta: Biblioteca de Mídia Definitiva é uma ou mais localidades em que as versões definitivas e autorizadas de todos os Itens de Configuração de software são armazenados de maneira segura.
B) **Correta:** Sobressalentes Definitivos (*Definitive Spares*) é uma área para atendimento local, separada do Depósito Seguro onde deve ser mantido um estoque de sobressalentes de hardware.
C) Incorreta: Não há na ITIL® v3 referência à Catálogo de Hardware.
D) Incorreta: Não há na ITIL® v3 referência à Reservatório de Hardware Adicional.

Questão 26: Publicação Transição de Serviço – Processo de Gerenciamento de Configuração e de Ativos de Serviço - Linha de Base de Configuração.

Alternativa correta: D

A) Incorreta: Linha de Base de Desempenho é um quadro instantâneo de desempenho que pode ser usada para medir mudanças no desempenho durante todo o período em que um serviço de TI estiver ativo.

46 • ITIL Foundation

B) Incorreta: Linha de Base de Gerenciamento de Serviços de TI é um quadro instantâneo de Gestão de Serviços de TI que pode ser usada como ponto de partida para medir o efeito de um plano de melhoria do serviço.

C) Incorreta: Referência é uma linha de base que é usada para comparar conjuntos de dados relacionados como parte de um exercício de comparação contínua.

D) **Correta:** Uma Linha de Base de Configuração (*configuration baseline*) é a configuração em um determinado instante (quadro instantâneo) de um serviço, produto ou infraestrutura, formalmente, revisada e acordada, que é usada como um ponto de referência e serve como base para outras atividades.

Questão 27: Publicação Transição de Serviço – Gerenciamento de Liberação e de Implantação – Unidade de Liberação.

Alternativa correta: A

A) **Correta:** Unidade de Liberação corresponde a componentes de um serviço de TI ou infraestrutura que são normalmente liberados em conjunto. Uma Unidade de Liberação normalmente inclui os componentes necessários para executar uma função útil.

B) Incorreta: Pacote de Serviço corresponde à dois ou mais serviços que foram combinados para oferecer uma solução a um tipo específico de necessidade do cliente ou para apoiar resultados de Negócio específicos.

C) Incorreta: Item de Configuração é qualquer componente ou outro ativo de serviço que precise ser gerenciado de forma a entregar um serviço de TI.

D) Incorreta: Ativo Fixo é um ativo de Negócio tangível que tem uma vida útil de longa duração.

Questão 28: Publicação Transição de Serviço – Gerenciamento de Liberação e de Implantação - Modelos de Liberação e de Implantação.

Alternativa correta: B

A) Incorreta: Pacotes de Serviço são dois ou mais serviços que foram combinados para oferecer uma solução a um tipo específico de necessidade do cliente, ou para apoiar resultados de Negócio específicos. Pacotes de Serviço especificam o que deve entrar em produção mas não especifica como.

Capítulo 3 Simulado 1 • **47**

B) **Correta:** Os Modelos de Liberação e de Implantação incluem a abordagem, mecanismos, processos, procedimentos e recursos requeridos para construir e distribuir a liberação do serviço em tempo hábil e dentro do orçamento.

C) Incorreta: Não há referência à Pacote de Implantação na ITIL® v3. Porém, há referência ao termo Pacote de Liberação, que corresponde a uma Unidade de Liberação ou um conjunto estruturado de Unidades de Liberação.

D) Incorreta: Modelo de Mudança define etapas predefinidas que serão seguidas para uma mudança.

Questão 29: Publicação Transição de Serviço – Avaliação de Mudança.

Alternativa correta: D

Realização de testes de serviço é uma atividade do processo de Validação e Teste de Serviço, não da Avaliação de Mudança.

As atividades do processo de Avaliação de Mudança são: planejamento e avaliação de mudança, estabelecimento do desempenho desejado e avaliação do desempenho atual.

Questão 30: Publicação Operação de Serviço – Processos.

Alternativa correta: C

A) Incorreta: O processo de Gerenciamento de Liberação e Implantação faz parte da publicação Transição de Serviço.

B) Incorreta: O processo de Gerenciamento de Problema faz parte da publicação Operação de Serviço.

C) **Correta:** A publicação Operação de Serviço inclui os seguintes processos: Gerenciamento de Evento, Gerenciamento de Incidente, Gerenciamento de Problema, Gerenciamento de Acesso e Cumprimento de Requisição.

D) Incorreta: O processo de Gerenciamento de Nível de Serviço faz parte da publicação Desenho de serviço.

48 • ITIL Foundation

Questão 31: Publicação Operação de Serviço – Processo de Gerenciamento de Evento.

Alternativa correta: A

Todos os itens estão corretos.
O Gerenciamento de eventos deve:

- Monitorar um serviço de TI e detectar quando o desempenho cai abaixo dos limites aceitáveis.
- Desenvolver habilidade para detectar eventos e determinar como um evento faz sentido em relação a outro e determinar a ação de controle apropriada.
- Comparar o comportamento e desempenho atuais do serviço contra os padrões de desempenho do serviço e Acordos de Nível de Serviço.

Questão 32: Publicação Operação de Serviço – Processo de Gerenciamento de Incidente.

Justificativa: Alternativa correta: A

Todas as três situações apresentadas devem ser tratadas como incidentes, pois incidentes são interrupções não planejadas ou redução na qualidade de um serviço de TI.

Questão 33: Publicação Operação de Serviço – Processo de Gerenciamento de Incidente – Atividades.

Alternativa correta: A

A priorização de um incidente, normalmente, é determinada, levando em consideração a urgência do incidente e o nível de impacto que ele está causando.

Capítulo 3 Simulado 1 • 49

Questão 34: Publicação Operação de Serviço – Processo de Cumprimento de Requisição –Requisição de serviço.

Alternativa correta: D

As Requisições de Serviço são normalmente tratadas pela Central de Serviços e não requerem a submissão de uma Requisição de Mudança.

Questão 35: Publicação Operação de Serviço – Processo de Gerenciamento de Problema – Erro conhecido.

Justificativa: Alternativa correta: B

Erro conhecido é um problema que possui uma causa-raiz identificada e uma solução de contorno documentada. Erros conhecidos são documentados, após a solução de contorno ter sido encontrada, e gerenciados através de seu ciclo de vida pelo Gerenciamento de Problema.

Questão 36: Publicação Operação de Serviço – Funções.

Alternativa correta: A

Todos os itens para avaliação estão corretos.

Questão 37: Publicação Operação de Serviço – Função Central de Serviços.

Alternativa correta: B

A) Incorreta: Local é uma modalidade de Centrais de Serviço para suportar as necessidades locais do Negócio.
B) **Correta:** Uma modalidade de Centrais de Serviço ao redor do mundo para prover serviços em regime 24/7 de forma transparente onde, chamadas, incidentes, problemas e requisições de serviço são encaminhados entre os grupos que estão em diferentes fusos horários é conhecida como Siga o Sol.

50 • ITIL Foundation

C) Incorreta: Centralizada é uma modalidade de Centrais de Serviço onde todos os serviços são registrados em uma localidade física central.

D) Incorreta: Virtual é uma modalidade de Centrais de Serviço em que múltiplas Centrais de Serviço são percebidas como uma só, utilizada pelos usuários e clientes em qualquer parte do mundo.

Questão 38: Estrutura do modelo – Publicação Melhoria Contínua de Serviço – Processo de Melhoria de Sete Etapas.

Alternativa correta: B

A Melhoria Contínua de Serviço inclui o processo de Melhoria de Sete Etapas. Este processo é responsável pela definição e gerenciamento das etapas necessárias para identificar, definir, coletar, processar, analisar, apresentar e implementar melhorias. As oportunidades para melhoria são registradas e gerenciadas no registro da Melhoria Contínua de Serviço.

Questão 39: Estrutura do modelo – Publicação Melhoria Contínua de Serviço – Processo de Melhoria de Sete Etapas.

Alternativa correta: C

As atividades do processo de Melhoria de Sete Etapas da ITIL v3 atualizada em 2011 são:

- **Plan**
1 - Identify the strategy for improvement (Identificar a estratégia de melhoria)
2 - Define what you will measure (Definir o que será medido)

- **Do**
3 - Gather the data (Coletar os dados)
4 - Process the data (Processar os dados)

- **Check**
5 - Analyse the information/data (Analisar as informações/dados)
6 - present/use the information (Apresentar/usar a informação)

Capítulo 3 Simulado 1 • 51

- Act

7 - Implement improvement (Implementar melhorias)

Veja que as atividades (passos) estão associadas às etapas do ciclo PDCA. Antes da atualização em 2011, as atividades (passos) eram:

- **Plan**
1. Definir o que será medido.
2. Definir o que pode ser medido.

- **Do**
3. Coletar os dados
4. Processar os dados

- **Check**
5. Analisar os dados
6. Apresentar e usar a informação

- **Act**
7. Implementar as ações corretivas.

Questão 40: Estrutura do modelo – Publicação Melhoria Contínua de Serviço - Papéis.

Alternativa correta: D

Gerente de Produto é um papel do processo de Gerenciamento de Portfólio de Serviço da fase Estratégia de Serviço.

Os papéis envolvidos na Melhoria Contínua de Serviço são:

- Gerente de Melhoria Contínua de Serviço.
- Gerente de Serviço.
- Proprietário de Processos.
- Cliente.

Capítulo 4

Simulado 2

Entendendo as atividades de cada processo

Uma vez que você já conseguiu identificar os processos de cada fase do ciclo de vida do serviço, a próxima etapa é identificar as atividades de cada processo baseado nos objetivos do processo.

Dica: Para cada processo das fases do ciclo de vida do serviço, escreva os objetivos do processo e liste, sem consultar nenhum material, as atividades das quais se recorda, baseando-se na descrição e objetivos do processo. Em seguida, compare o que escreveu com o que traz a literatura especializada.

Simulado

1) O principal objetivo da ITIL® é:

A) regulamentar um padrão para o gerenciamento de serviços de TI através da uniformização de conceitos e da visão dos processos que o implementam.
B) ser um guia para a implantação das melhores práticas do CMMI para organizações provedoras de serviços.
C) prover um conjunto de práticas de gerenciamento de serviços de TI testadas e comprovadas no mercado.
D) fornecer diretrizes baseadas em melhores práticas para melhoria dos processos e habilidades organizacionais, cobrindo o ciclo de vida de produtos e serviços completos.

2) NÃO é característica de um processo:

A) possuem clientes.
B) estruturam uma organização.
C) possuem resultados específicos.
D) são mensuráveis.

54 • ITIL Foundation

3) Um Serviço de Apoio (*enabling service*) é um serviço que:

A) é necessário para entregar um serviço principal, não sendo oferecido isoladamente, mas em conjunto com um ou mais serviços principais.
B) entrega os resultados essenciais que um cliente precisa por meio de níveis adequados de utilidade e garantia.
C) oferecido isoladamente possui um conjunto de habilidades organizacionais, especializadas para fornecer valor ao Negócio.
D) tem por objetivo apoiar a organização na comercialização de serviços, oferecendo um Portfólio de Serviços disponíveis para entrar em operação.

4) Considere as áreas a seguir:

I.   Autoajuda.
II. Desenho de Processo.
III. Liberação e Implantação.
IV. Relato de Informações.

As áreas que a tecnologia ajuda a suportar são:

A) I, II, III e IV.
B) I e II, apenas.
C) III e IV, apenas.
D) II e III, apenas.

5) A ordem correta dos livros que compõem o núcleo da ITIL® é:

A) Estratégia de Serviço, Desenho de Serviço, Transição de Serviço, Operação de Serviço e Melhoria Contínua de Serviço.
B) Desenho de Serviço, Estratégia de Serviço, Transição de Serviço, Operação de Serviço e Melhoria Contínua de Serviço.
C) Estratégia de Serviço, Desenho de Serviço, Transição de Serviço, Melhoria Contínua de Serviço e Operação de Serviço.
D) Estratégia de Serviço, Desenho de Serviço, Operação de Serviço, Transição de Serviço e Melhoria Contínua de Serviço.

6) A publicação que provê direcionamento para projetar, desenvolver e implementar o gerenciamento de serviços, não apenas como uma capacidade organizacional, mas também como um ativo estratégico é a publicação:

A) Desenho de Serviço.
B) Estratégia de Serviço.
C) Transição de Serviço.
D) Operação de Serviço.

7) A descrição correta dos 4 P's da publicação Desenho de Serviço é:

A) Os 4 passos do processo para o desenho do gerenciamento efetivo do serviço.
B) As 4 maiores áreas que precisam ser consideradas no desenho efetivo do serviço.
C) Uma descrição dos produtos e das pessoas necessárias para garantir o sucesso do Desenho de Serviço.
D) Um conjunto de questionamentos que devem ser feitos quando o Desenho de Serviço é revisado.

8) NÃO é uma atividade do processo de Gerenciamento Financeiro para Serviços de TI:

A) Planejamento Orçamentário.
B) Contabilidade.
C) Cobrança.
D) Definição de acordos de contratos.

9) Se no Gerenciamento de Demanda houver sobra de capacidade, haverá __I__. Se houver falta de capacidade poderá haver ___II___.
As lacunas I e II são preenchidas correta e respectivamente com:

A) desperdício de recursos e impossibilidade de atender o Negócio.
B) otimização de recursos e encerramento do Negócio.
C) abundância de recursos e desperdício de recursos.
D) retorno sobre o investimento e redução dos gastos.

56 • ITIL Foundation

10) Com relação ao tipo de contratação, os modelos de fornecimento de serviços podem ser *Insourcing* (fornecimento interno), *Outsourcing* (fornecimento externo), *Co-sourcing*, *Partnership* (parceria), *Business Process Outsourcing* (Terceirização de Processos de Negócios), *Application Service Provider* (Provedor de Serviço de Aplicativo) e

A) *Web Sourcing* (fornecimento de serviços web).
B) *Service Sourcing* (fornecimento de serviço).
C) *Selective Outsourcing* (outsourcing seletivo).
D) *Knowledge Process Outsourcing* (terceirização de processos de conhecimento).

11) Considere:

I. Assegurar que a informação no Catálogo de Serviços esteja correta.
II. Assegurar que a informação no Catálogo de Serviços esteja consistente com a informação no Portfólio de Serviços.
III. Assegurar que todos os serviços operacionais estejam registrados no Catálogo de Serviços.
IV. Assegurar que a implantação do serviço ocorra de acordo com o planejado.

O processo de Gerenciamento de Catálogo de Serviço da fase de Desenho de Serviço é responsável pelo que consta APENAS nos itens

A) I, II e III.
B) III e IV.
C) I e II.
D) I e IV.

12) O papel existente no processo de Gerenciamento do Catálogo de Serviço é o de Gerente do Catálogo de Serviço que tem, entre suas responsabilidades:

A) garantir que todas as informações mantidas no Catálogo de Serviço estejam corretas, atualizadas e consistentes com o Portfólio de Serviços.
B) garantir que os requisitos do cliente para os serviços atuais e futuros sejam compreendidos e documentados no Acordo de Nível de Serviço.

C) negociar e acordar com o cliente os Níveis de Serviço a serem entregues.
D) negociar e estabelecer o Acordo de Nível Operacional.

13) Um acordo legal entre um provedor de serviço de TI e um terceiro, onde o terceiro fornece produtos ou serviços que são necessários para a execução de um serviço de TI a um cliente, é conhecido como:

A) Acordo de Nível Operacional.
B) Contrato de Apoio.
C) Acordo de Serviço.
D) Acordo de Nível de Serviço.

14) Pode ser considerado Indicador-Chave de Desempenho subjetivo:

A) Porcentagem das metas de serviço atendidas.
B) Número e grau de severidade das violações de serviço.
C) Melhoria da satisfação do cliente.
D) Número de Revisões de serviços ativos.

15) A habilidade de um serviço de TI ou Item de Configuração de desempenhar a sua função acordada quando requerido é chamada de:

A) Confiabilidade.
B) Disponibilidade.
C) Sustentabilidade.
D) Usabilidade.

16) O subprocesso do Gerenciamento de Capacidade, que é responsável pelo entendimento de requisitos de Negócio futuros, para uso no Plano da Capacidade é o:

A) Gerenciamento de Capacidade de Componente.
B) Gerenciamento de Capacidade de Negócio.
C) Gerenciamento de Capacidade de Serviço.
D) Gerenciamento de Capacidade de Processo.

58 • ITIL Foundation

17) Considere os processos a seguir:

I. Gerenciamento de Segurança da Informação.
II. Gerenciamento de Continuidade de Serviço de TI.
III. Gerenciamento de Catálogo de Serviço.

Os processos que incluem a necessidade de realizar avaliação e gerenciamento de riscos em relação aos serviços e ativos de suporte são:

A) I, II e III.
B) II, apenas.
C) I e II, apenas.
D) I, apenas.

18) O papel que tem entre outras responsabilidades a de executar a Análise de Impacto no Negócio, para todos os serviços novos e existentes e Gerenciar o Plano de Continuidade de Serviço de TI enquanto estiver em operação é o papel de:

A) Gerente de Capacidade.
B) Gerente de Continuidade de Serviço de TI.
C) Gerente de Disponibilidade.
D) Gerente de Nível de Serviço.

19) É INCORRETO dizer que o Gerenciamento de Fornecedor:

A) negocia contratos externos para suportar a entrega de serviços.
B) mantém informações em um Banco de Dados de Contratos.
C) garante que os fornecedores atendam as expectativas do Negócio.
D) negocia Acordos de Nível Operacional com grupos internos para suportar a entrega de serviços.

20) A fase do ciclo de vida do serviço que fornece uma estrutura para avaliar habilidades do serviço e o perfil de risco antes e durante a implantação do serviço é a fase de:

A) Transição de Serviço.
B) Estratégia de Serviço.
C) Desenho de Serviço.
D) Operação de Serviço.

21) O objetivo do Processo de Gerenciamento de Mudança é:

A) entender, prever e influenciar a demanda do cliente por serviços.
B) garantir que mudanças sejam registradas e então avaliadas, planejadas, priorizadas, autorizadas, implementadas, testadas, revisadas e documentadas de uma maneira controlada.
C) avaliar formalmente um serviço de TI novo ou alterado para garantir que os riscos tenham sido gerenciados e para ajudar a determinar se a mudança deve ser autorizada.
D) garantir que o serviço de TI cumpre com sua especificação de desenho e que atenderá às necessidades do Negócio.

22) É um grupo de pessoas que suporta a avaliação, priorização, autorização e programação de mudanças. É, normalmente, composto por representantes de todas as áreas do provedor de serviços de TI, do Negócio e de terceiros, tais como fornecedores.

O texto fala do:

A) Comitê de Notáveis.
B) Conselho Deliberativo de Mudanças.
C) Conselho Deliberativo de Mudanças Emergenciais.
D) Comitê Consultivo de Mudança.

23) NÃO é uma atividade do processo de Gerenciamento de Mudança:

A) Estimar, avaliar, autorizar, coordenar a implantação, revisar e fechar o registro de mudança.
B) Avaliar o impacto de incidentes e problemas em todos os serviços.
C) Rever a Requisição de Mudança e filtrar requisições.
D) Criar e registrar Requisição de Mudança.

60 • ITIL Foundation

24) Um Modelo de Configuração documenta o relacionamento entre:

A) procedimentos, contratos e infraestrutura.
B) serviços, ativos e infraestrutura.
C) ativos e provedores de suporte técnico.
D) processos, Central de Serviços e Acordos de Nível Operacional.

25) Todos os softwares na Biblioteca de Mídia Definitiva estão sob o controle dos processos de __I__ e __II__ e Implantação e são registrados no __III__.
As lacunas I, II e III são preenchidas correta e, respectivamente, por:

A) Gerenciamento de Capacidade, Gerenciamento de Configuração e de Ativos de Serviço e Sistema de Informação de Gerenciamento de Capacidade.
B) Gerenciamento de Mudança, Gerenciamento de Liberação e Implantação e Sistema de Gerenciamento da Configuração.
C) Gerenciamento de Demanda, Gerenciamento de Configuração e de Ativos de Serviço e Sistema de Informação de Gerenciamento de Demanda.
D) Gerenciamento de Disponibilidade, Gerenciamento de Liberação e Implantação e Sistema de Gerenciamento da Configuração.

26) As 4 etapas da Liberação e Implantação são: planejamento da liberação e implantação, construção e teste da liberação, implantação e:

A) controle e finalização.
B) melhoria Contínua de Serviço.
C) teste de aceitação.
D) revisão e encerramento.

27) A fase do ciclo de vida do serviço que define o Modelo de Configuração e o Modelo de Liberação e Implantação para um serviço é a fase de:

A) Desenho de Serviço.
B) Estratégia de Serviço.
C) Transição de Serviço.
D) Operação de Serviço.

Capítulo 4   Simulado 2   •   **61**

28) O processo responsável pela avaliação formal de um serviço de TI novo ou alterado, para garantir que os riscos tenham sido gerenciados e para ajudar a determinar se a mudança deve ser autorizada é o processo de:

A) Gerenciamento de Problema.
B) Avaliação de Mudança.
C) Validação e Teste de Serviço.
D) Gerenciamento de Liberação e Implantação.

29) Considere os processos da publicação Operação de Serviço:

1. Gerenciamento de Evento.
2. Gerenciamento de Problema.
3. Gerenciamento de Incidente.
4.
5.

Estão faltando os processos de:

A) Gerenciamento de Fornecedor e Cumprimento de Requisição.
B) Gerenciamento de Demanda e Gerenciamento de Capacidade.
C) Gerenciamento de Acesso e Cumprimento de Requisição.
D) Gerenciamento de Acesso e Gerenciamento de Capacidade.

30) O processo responsável por monitorar um serviço de TI e detectar quando o desempenho cai abaixo dos limites aceitáveis é o processo de:

A) Gerenciamento de Problema.
B) Gerenciamento de Evento.
C) Gerenciamento de Incidente.
D) Gerenciamento de Segurança da Informação.

31) Uma falha ocorreu em um sistema e é detectada por uma ferramenta de monitoração. Esse sistema suporta um serviço de TI em produção. O Incidente deve ser aberto:

62 • ITIL Foundation

A) somente quando a falha for notada pelos usuários.
B) somente se a falha resultar na violação de um Nível de Serviço acordado.
C) em nenhum momento, desde que os técnicos tenham visto isto e tenham uma solução de contorno.
D) imediatamente, para prevenir impacto para os usuários.

32) Incidentes podem ser comunicados:

A) apenas pela Central de Serviços e pela Central de Eventos.
B) por qualquer um que detecte uma interrupção ou potencial interrupção na operação normal do serviço, incluindo ferramentas de detecção de eventos.
C) apenas pelo pessoal técnico.
D) apenas pelo pessoal técnico ou ferramentas de detecção de eventos.

33) Considere as tarefas a seguir:
I. Obter e entregar componentes de serviço padrão requisitados.
II. Prover informações aos usuários e clientes sobre a disponibilidade dos serviços e procedimentos para obtê-los.
III. Distribuir os componentes dos serviços padrão requisitados, como, por exemplo, licenças de software.
IV. Fornecer informações para comparar o desempenho atual dos serviços com os padrões de desenho.

São tarefas do processo de Cumprimento de Requisição o que consta APENAS em:

A) II e III.
B) I, II e III.
C) I.
D) I e II.

34) De acordo com a ITIL® v3 um problema é:

A) a causa conhecida de um ou mais incidentes.
B) qualquer evento detectado que está relacionado com um serviço.
C) um aviso que um limiar foi atingido, que algo mudou ou que uma falha ocorreu.

D) a causa não conhecida de um ou mais incidentes.

35) Uma Requisição de Acesso normalmente é realizada por meio

A) da Central de Serviços.
B) do Gerenciamento de Mudança.
C) do Gerenciamento Técnico.
D) do Gerenciamento de Aplicações.

36) O papel da Central de Serviços que atua como primeiro nível de suporte, recebendo chamados e tratando os incidentes ou Requisições de Serviço, usando os processos correspondentes, é o papel de:

A) Gerente da Central de Serviço.
B) Supervisor da Central de Serviço.
C) Analista da Central de Serviço.
D) Gerente de Integração.

37) A Função responsável por gerenciar aplicativos durante seus ciclos de vida e que contribui categoricamente na decisão de comprar ou construir aplicativos é a Função de:

A) Central de Serviço.
B) Gerenciamento de Operações de TI.
C) Gerenciamento Técnico.
D) Gerenciamento de Aplicativo.

38) A publicação Melhoria Contínua de Serviço orienta que:

I - o desempenho do provedor de serviço de TI seja continuamente medido.
II - as melhorias sejam feitas para processos e serviços de TI.
III - as melhorias sejam feitas para a infraestrutura de TI.

Está correto o que se afirma em:

64 • ITIL Foundation

A) I, II, III.
B) I, apenas.
C) II, apenas.
D) I e II, apenas.

39) O desempenho do provedor de serviço de TI é continuamente medido pelo:

A) Processo de Gerenciamento de Continuidade de Serviço de TI.
B) Processo de Gerenciamento de Nível de Serviço.
C) Processo de Melhoria de Sete Etapas.
D) Processo de Gerenciamento de Demanda.

40) O processo de Gerenciamento de Nível de Serviço atua com o processo de Melhoria de Sete Etapas

A) definindo o que medir e os requisitos de monitoração e reportando os Níveis de Serviço alcançados.
B) definindo quais incidentes e problemas devem ser observados, monitorados e corrigidos.
C) monitorando e registrando todos os incidentes e problemas que comprometem os serviços essenciais ao Negócio.
D) monitorando os níveis de capacidade e disponibilidade e adotando ações com o objetivo de atender os Níveis de Serviço acordados.

Gabarito do simulado 2

1	2	3	4	5	6	7	8	9	10
C	B	A	A	A	B	B	D	A	D
11	12	13	14	15	16	17	18	19	20
A	A	B	C	B	B	C	B	D	A
21	22	23	24	25	26	27	28	29	30
B	D	B	B	B	D	A	B	C	B
31	32	33	34	35	36	37	38	39	40
D	B	B	D	A	C	D	A	C	A

Capítulo 4 Simulado 2 • **65**

Correção do simulado 2

Questão1: Objetivo da ITIL®

Alternativa correta: C

A) Incorreta: Esta alternativa descreve o objetivo da Norma ISO/IEC 2000, que como Norma, pretende regulamentar um padrão para o gerenciamento de serviços de TI. Não descreve o objetivo da ITIL®.

B) Incorreta: Esta alternativa descreve o objetivo do CMMI for Services (CM-MI-SVC) e não da ITIL®.

C) **Correta:** O principal objetivo da ITIL® é prover um conjunto de práticas de gerenciamento de serviços de TI testadas e comprovadas no mercado, que podem servir como balizadoras, tanto para organizações que já possuem operações de TI em andamento e pretendem empreender melhorias quanto para a criação de novas operações.

D) Incorreta: Esta alternativa descreve o principal objetivo do CMMI e não da ITIL®.

Questão 2: Conceitos e definições da ITIL® - Processo.

Alternativa correta: B

A) **Incorreta:** Os processos entregam resultados primários para os clientes para atender suas expectativas, logo, processos possuem clientes.

B) **Correta:** Processos bem definidos, monitorados e executados podem até ajudar uma organização rumo a seus objetivos de Negócio, porém, não se pode afirmar que estruturam uma organização.

C) Incorreta: Um processo só existe porque entrega algum resultado específico para os clientes.

D) Incorreta: Nos processos, normalmente, necessita-se mensurar custos, qualidade, duração, produtividade etc.

66 • ITIL Foundation

Questão 3: Conceitos e definições da ITIL® – Serviço de Apoio.

Alternativa correta: A

A) **Correta:** Um Serviço de Apoio é um serviço necessário para entregar um serviço principal. Esse serviço pode ou não ser visível ao cliente.
B) Incorreta: Essa alternativa descreve um Serviço Principal e não um Serviço de Apoio.
C) Incorreta: Um Serviço de Apoio é sempre oferecido com um ou mais Serviços Principais. Não são oferecidos isoladamente. Além disso, "conjunto de habilidades organizacionais especializadas para fornecer valor ao Negócio" é a definição de gerenciamento de serviço e não de Serviço de Apoio.
D) Incorreta: Um Serviço de Apoio é um serviço necessário para um Serviço Principal entrar em produção e não tem o objetivo de apoiar a comercialização de serviços. Além disso, Serviço de Apoio não oferece nenhum Portfólio de Serviços.

Questão 4: Conceitos e definições da ITIL® – Tecnologias de apoio.

Alternativa correta: A

A tecnologia pode ajudar a suportar praticamente todas as áreas relacionadas com os serviços.

Questão 5: Estrutura da ITIL® – Ordem das publicações da ITIL®

Alternativa correta: A

As publicações da ITIL® seguem aparecem de um nível gerencial para um nível operacional, na seguinte ordem: Estratégia de Serviço, Desenho de Serviço, Transição de Serviço, Operação de Serviço e Melhoria Contínua de Serviço.

Capítulo 4 Simulado 2 • 67

Questão 6: Estrutura da ITIL® – Publicação Estratégia de Serviço.

Alternativa correta: B

A) Incorreta: A publicação Desenho de Serviço fornece direcionamento para o desenho de novos serviços ou alterações em serviços existentes para introdução no ambiente de produção.

B) **Correta**: A publicação com foco no serviço como um ativo estratégico é a publicação Estratégia de Serviço.

C) Incorreta: A publicação Transição de Serviço apresenta recomendações para melhorar a capacidade de transitar serviços novos ou modificados para o ambiente de produção.

D) Incorreta: A publicação Operação de Serviço apresenta recomendações de como entregar e gerenciar serviços de TI em níveis acordados para usuários e clientes do Negócio.

Questão 7 : Publicação Desenho de Serviço – 4 P's.

Alternativa correta: B

Os 4 P's da publicação Desenho de Serviço representam as 4 maiores áreas que precisam ser consideradas no desenho efetivo do serviço. Os 4 P's são: Pessoas, Processos, Produtos e Parceiros.

Questão 8: Publicação Estratégia de Serviço – Processo de Gerenciamento Financeiro para Serviços de TI – Definição de Acordos de Contratos.

Alternativa correta: D

A) Incorreta: O Planejamento Orçamentário é a atividade do processo de Gerenciamento Financeiro para Serviços de TI que tem a responsabilidade de prever e controlar o gasto de dinheiro.

B) Incorreta: A Contabilidade é a atividade do processo de Gerenciamento Financeiro para Serviços de TI que tem a responsabilidade de identificar os custos reais da entrega de serviços de TI, comparando esses com os custos previstos no orçamento.

68 • ITIL Foundation

C) Incorreta: A Cobrança é a atividade do processo de Gerenciamento Financeiro para Serviços de TI que tem a responsabilidade de requerer pagamento pela prestação de serviços de TI.

D) **Correta:** Definição de acordos de contratos é responsabilidade do processo de Gerenciamento de Fornecedor, da fase de Desenho de Serviços e não do processo de Gerenciamento Financeiro para Serviços de TI.

Questão 9: Publicação Estratégia de Serviço – Processo de Gerenciamento de Demanda – Demanda x Capacidade.

Alternativa correta: A.

A) **Correta:** Se no Gerenciamento de Demanda houver sobra de capacidade, haverá desperdício de recursos. Se houver falta de capacidade haverá impossibilidade de atender o Negócio.

B) Incorreta: Se no Gerenciamento de Demanda houver sobra de capacidade, haverá desperdício de recursos e não otimização de recursos. Se houver falta de capacidade poderá haver impossibilidade de atender o Negócio e nada garante que haverá o encerramento do Negócio.

C) Incorreta: Pode até ser que se no Gerenciamento de Demanda houver sobra de capacidade haja abundância de recursos (o que não é bom), mas se houver falta de capacidade não haverá desperdício de recursos, mas sim a impossibilidade de atender o Negócio.

D) Incorreta: Se no Gerenciamento de Demanda houver sobra de capacidade, haverá desperdício de recursos e não retorno sobre o investimento. Pelo contrário, haverá prejuízo. Se houver falta de capacidade poderá haver redução de gastos, mas não como um fator positivo, pois afetará o atendimento às necessidades do Negócio.

Questão 10: Publicação Desenho de Serviço - Terceirização de processos de conhecimento.

Alternativa correta: A

A) Incorreta: Não há referência à *web sourcing* na ITIL®.

B) Incorreta: *Service sourcing* refere-se à estratégia e a abordagem para decidir se um serviço será fornecido internamente, se será terceirizado para um provedor de serviço externo ou se ambas as abordagens serão combinadas.

C) Incorreta: Não há referência à *selective outsourcing* na ITIL®.

D) **Correta:** Os modelos de fornecimento de serviços podem ser *Insourcing* (fornecimento interno), *Outsourcing* (fornecimento externo), *Co-sourcing*, *Partnership* (parceria), *Business Process Outsourcing* (terceirização de Processos de Negócios), *Application Service Provider* (provedor de serviço de aplicativo) e *Knowledge Process Outsourcing* (terceirização de processos de conhecimento).

Questão 11: Publicação Desenho de Serviço – Processo de Gerenciamento de Catálogo de Serviço.

Alternativa correta: A

Os itens I, II e II estão corretos. O item IV está incorreto porque estamos falando de Desenho de Serviço e não de implantação. As preocupações com implantação estão mais concentradas na fase de Transição de Serviço.

Questão 12: Publicação Desenho de Serviço – Processo de Gerenciamento de Catálogo de Serviço - Gerente do Catálogo de Serviço.

Alternativa correta: A

A) **Correta:** O Gerente do Catálogo de Serviço tem, entre outras responsabilidades, garantir que todas as informações mantidas no Catálogo de Serviço estejam corretas, atualizadas e consistentes com o Portfólio de Serviços. É de sua responsabilidade, também, garantir que os serviços operacionais e todos os serviços preparados para entrar em produção sejam registrados no Catálogo de Serviços.

B) Incorreta: Garantir que os requisitos do cliente para os serviços atuais e futuros sejam compreendidos e documentados no Acordo de Nível de Serviço é atribuição do Gerente de Nível de Serviço.

C) Incorreta: Negociar e acordar com o cliente os Níveis de Serviço a serem entregues é atribuição do Gerente de Nível de Serviço.

70 • ITIL Foundation

D) Incorreta: Negociar e estabelecer o Acordo de Nível Operacional é atribuição do Gerente de Nível de Serviço.

Questão 13: Publicação Desenho de Serviço – Conceitos do Gerenciamento de Nível de Serviço - Contrato de Apoio.

Alternativa correta: B

A) Incorreta: Acordo de Nível Operacional é um acordo firmado entre um provedor de serviço de TI e outra parte da mesma organização, que dá apoio à entrega, pelo provedor de serviço de TI, de serviços de TI a clientes e define os produtos ou serviços a serem fornecidos e as responsabilidades de ambas as partes.

B) **Correta:** Contrato de Apoio é um contrato (ou acordo legal) entre um provedor de serviço de TI e um terceiro. O terceiro fornece produtos ou serviços que são necessários para a execução de um serviço de TI a um cliente.

C) Incorreta: Não há referência na ITIL® v3 ao termo Acordo de Serviço.

D) Incorreta: Acordo de Nível de Serviço é um acordo entre um provedor de serviço de TI e um cliente, que descreve o serviço de TI, documenta metas de Nível de Serviço e especifica as responsabilidades do provedor de serviço de TI e do cliente.

Questão 14: Publicação Desenho de Serviço – Conceitos do Gerenciamento de Nível de Serviço - Indicador-Chave de Desempenho.

Alternativa correta: C

Os indicadores chave de desempenho devem abranger medidas objetivas e subjetivas. As medidas objetivas podem ser, por exemplo, número ou porcentagem das metas de serviço atendidas, número de serviços com relatórios gerados nos tempos acordados, número de revisões de serviços ativos, número e grau de severidade das violações de serviço, número de serviços com Acordo de Nível de Serviço atualizados etc. Já medidas subjetivas podem ser, por exemplo, melhoria da satisfação do cliente etc.

Capítulo 4   Simulado 2   •   **71**

Questão 15: Publicação Desenho de Serviço – Processo de Gerenciamento da Disponibilidade – Disponibilidade.

Alternativa correta: B

A) Incorreta: Confiabilidade é uma medida do tempo em que um serviço de TI ou outro Item de Configuração pode executar a sua função acordada sem interrupção.

B) **Correta:** Disponibilidade é a habilidade de um serviço de TI ou outro Item de Configuração de desempenhar a sua função acordada quando requerido.

C) Incorreta: Sustentabilidade é uma medida do quão rápida e efetivamente um Item de Configuração ou serviço de TI pode ser recuperado para o trabalho normal após uma falha.

D) Incorreta: Usabilidade é a facilidade com a qual um aplicativo, produto ou serviço de TI pode ser usado.

Questão 16: Publicação Desenho de Serviço – Gerenciamento de Capacidade - Gerenciamento de Capacidade de Negócio.

Alternativa correta: B

A) Incorreta: O Gerenciamento de Capacidade de Componente é o subprocesso de Gerenciamento de Capacidade responsável pelo entendimento da capacidade, uso e desempenho dos Itens de Configuração.

B) **Correta:** O Gerenciamento de Capacidade do Negócio é o subprocesso do Gerenciamento de Capacidade responsável pelo entendimento de requisitos de Negócio futuros para uso no Plano da Capacidade.

C) Incorreta: O Gerenciamento de Capacidade de Serviço é o subprocesso de Gerenciamento de Capacidade responsável pelo entendimento do desempenho e da capacidade dos serviços de TI.

D) Incorreta: Não há na ITIL® v3 referência a Gerenciamento de Capacidade de Processo.

72 • ITIL Foundation

Questão 17: Publicação Desenho de Serviço – Gerenciamento de Continuidade de Serviço de TI – Gerenciamento de riscos.

Alternativa correta: C

Os processos que incluem a necessidade de realizar avaliação e gerenciamento de riscos em relação aos serviços e ativos de suporte são Gerenciamento de Segurança da Informação e Gerenciamento de Continuidade de Serviço de TI. Gerenciamento de Catálogo de Serviço se preocupa em fornecer e manter o catálogo de serviço e por garantir que esteja disponível àqueles autorizados a acessá-lo e não faz gerenciamento de riscos em relação aos serviços e ativos de suporte.

Questão 18: Publicação Desenho de Serviço – Gerenciamento de Continuidade de Serviço de TI - Gerente de Continuidade de Serviço de TI.

Alternativa correta: B.

A) Incorreta: O Gerente de Capacidade tem como uma de suas principais atribuições, garantir que exista capacidade dos recursos de TI para atender os objetivos de Nível de Serviço.
B) **Correta:** Gerente de Continuidade de Serviço de TI é responsável por garantir que os objetivos do processo de Gerenciamento de Continuidade de Serviço de TI sejam alcançados. Isto inclui executar a Análise de Impacto no Negócio, para todos os serviços novos e existentes e Gerenciar o Plano de Continuidade de Serviço enquanto estiver em operação.
C) Incorreta: Gerente de Disponibilidade é um papel responsável por garantir que todos os serviços entreguem os níveis de disponibilidade acordados com o Negócio em Acordos de Nível de Serviço.
D) Incorreta: O Gerente de Nível de Serviço é responsável por garantir que os objetivos do processo de Gerenciamento de Nível de Serviço sejam atingidos.

Capítulo 4 Simulado 2 • 73

Questão 19: Publicação Desenho de Serviço – Processo de Gerenciamento de Fornecedor.

Alternativa correta: D

Negociar Acordos de Nível Operacional com grupos internos para suportar a entrega de serviços é responsabilidade do Gerente de Nível de Serviço do processo de Gerenciamento de Nível de Serviço, não do processo de Gerenciamento de Fornecedor.

Questão 20: Publicação Transição de Serviço

Alternativa correta: A

A fase de Transição de Serviço fornece uma estrutura para avaliar habilidades do serviço e o perfil de risco antes e durante a implantação do serviço. Nessa fase os serviços são gerenciados, liberados e testados, mudanças são implementadas, avaliadas e testadas e os conhecimentos são gerenciados.

Questão 21: Publicação Transição de Serviço – Processo de Gerenciamento de Mudança – Objetivo.

Alternativa correta: B

A) Incorreta: Entender, prever e influenciar a demanda do cliente por serviços é objetivo do Gerenciamento de Demanda, não do Gerenciamento de Mudanças.

B) **Correta:** O objetivo do Processo de Gerenciamento de Mudança é garantir que mudanças sejam registradas e então avaliadas, planejadas, priorizadas, autorizadas, implementadas, testadas, revisadas e documentadas de uma maneira controlada.

C) Incorreta: Avaliar formalmente um serviço de TI novo ou alterado para garantir que os riscos tenham sido gerenciados e para ajudar a determinar se a mudança deve ser autorizada é objetivo do processo de Avaliação de Mudança, não do Gerenciamento de Mudança.

74 • ITIL Foundation

D) Incorreta: Garantir que o serviço de TI cumpre com sua especificação de desenho e que atenderá às necessidades do Negócio é objetivo da Validação e Teste de Serviço, não do Gerenciamento de Mudança.

Questão 22: Publicação Transição de Serviço - Gerenciamento de Mudança - Comitê Consultivo de Mudança.

Alternativa correta: D

Comitê Consultivo de Mudança (*Change Advisory Board*) é formado por um grupo de pessoas que suportam a avaliação, priorização, autorização e programação de mudanças. É normalmente composto por representantes de todas as áreas do provedor de serviços de TI, do Negócio e de terceiros, tais como fornecedores.

Os termos descritos nas alternativas A, B e C não são definidos na ITIL® v3.

Questão 23: Publicação Transição de Serviço – Processo de Gerenciamento de Mudança – Atividades.

Alternativa correta: B

A avaliação do impacto de incidentes e problemas ocorre, principalmente, em processos da Estratégia de Serviço e em processos da publicação Desenho de Serviço, como o processo de Gerenciamento de Continuidade de Serviço de TI. Não ocorre normalmente no Gerenciamento de Mudança, a não ser, especificamente, com relação a mudanças, não a todos os aspectos dos serviços.

Questão 24: Publicação Transição de Serviço – Gerenciamento de Configuração e de Ativos de Serviço - Modelo de Configuração.

Alternativa correta: B

Um Modelo de Configuração apresenta uma visão de serviços, ativos e infraestrutura, registrando, controlando e relatando versões, atributos e relacionamentos entre os Itens de Configuração. Logo, pode-se afirmar que um Modelo de Configuração documenta o relacionamento entre serviços, ativos e infraestrutura.

Questão 25: Publicação Transição de Serviço – Gerenciamento de Configuração e de Ativos de Serviço - Biblioteca de Mídia Definitiva.

Alternativa correta: B

Todos os softwares na Biblioteca de Mídia Definitiva estão sob o controle dos processos de *Gerenciamento de Mudança* e *Gerenciamento de Liberação e Implantação* e Implantação e são registrados no *Sistema de Gerenciamento da Configuração*.

Questão 26: Publicação Transição de Serviço – Gerenciamento de Liberação e de Implantação – Etapas de liberação.

Alternativa correta: D

As 4 etapas da Liberação e Implantação são: planejamento da liberação e implantação, construção e teste da liberação, implantação e revisão e encerramento.

Questão 27: Publicação Transição de Serviço – Gerenciamento de Liberação e de Implantação - Modelo de Liberação e Implantação.

Alternativa correta: A

A fase que define o Modelo de Configuração e Implantação para um serviço é a fase de Desenho de Serviço. Esse modelo é descrito em um documento denominado Pacote de Desenho de Serviço que define todos os aspectos de um serviço de TI e seus requisitos em cada fase do seu ciclo de vida, do serviço.

Questão 28: Publicação Transição de Serviço – Avaliação de Mudança.

Alternativa correta: B

A) Incorreta: O processo de Gerenciamento de Problema é o processo responsável por gerenciar o ciclo de vida de todos os problemas prevenindo, proativamente, a ocorrência de incidentes e minimizando o impacto dos incidentes que não podem ser evitados.

76 • ITIL Foundation

B) **Correta:** O processo de Avaliação de Mudança é responsável pela avaliação formal de um serviço de TI novo ou alterado para garantir que os riscos tenham sido gerenciados e para ajudar a determinar se a mudança deve ser autorizada.

C) Incorreta: O processo responsável pela validação e teste de um serviço de TI novo ou modificado, que garante que o serviço de TI cumpre com sua especificação de desenho e que atenderá às necessidades do Negócio é o processo de Validação e Teste de Serviço.

D) Incorreta: Gerenciamento de Liberação e Implantação é o processo responsável por planejar, programar e controlar a construção, o teste e a implantação de liberações, e por entregar novas funcionalidades exigidas pelo Negócio enquanto protege a integridade dos serviços existentes.

Questão 29: Publicação Operação de Serviço – Processos.

Alternativa correta: C

Os processos da publicação Operação de Serviço são:

- Gerenciamento de Evento.
- Gerenciamento de Problema.
- Gerenciamento de Incidente.
- Gerenciamento de Acesso.
- Cumprimento de Requisição.

Questão 30: Publicação Operação de Serviço – Processo de Gerenciamento de Evento.

Alternativa correta: B

A) Incorreta: O Gerenciamento de Problemas previne proativamente a ocorrência de incidentes e minimiza o impacto dos incidentes que não podem ser evitados.

B) **Correta:** Gerenciamento de Evento é o processo responsável por monitorar um serviço de TI e detectar quando o desempenho cai abaixo dos limites aceitáveis.

C) Incorreta: O Gerenciamento de Incidente garante que a operação normal de um serviço seja restaurada tão rapidamente quando possível e que o impacto no Negócio seja minimizado.

D) Incorreta: O Gerenciamento de Segurança da Informação é responsável por garantir que a confidencialidade, integridade e disponibilidade dos ativos, informações, dados e serviços de TI de uma organização correspondam às necessidades acordadas do Negócio.

Questão 31: Publicação Operação de Serviço – Processo de Gerenciamento de Incidente.

Alternativa correta: D

Incidentes sempre devem ser abertos, imediatamente, após a detecção de uma falha, para prevenir impacto para os usuários.

Questão 32: Publicação Operação de Serviço – Processo de Gerenciamento de Incidente – Comunicação de incidentes.

Alternativa correta: B

Incidentes podem ser comunicados por qualquer um que detecte uma interrupção ou potencial interrupção na operação normal do serviço. Isto inclui a equipe técnica ou ferramentas de detecção de eventos.

Questão 33: Publicação Operação de Serviço – Processo de Cumprimento de Requisição – Atividades.

Alternativa correta: B

São tarefas do processo de Cumprimento de Requisição:
- Prover um canal para usuários solicitarem e receberem os serviços padrão para os quais existe uma aprovação predefinida e processo de qualificação.
- Obter e entregar componentes de serviço padrão requisitados.
- Prover informações aos usuários e clientes sobre a disponibilidade dos serviços e procedimentos para obtê-los.

78 • ITIL Foundation

- Distribuir os componentes dos serviços padrão requisitados, como, por exemplo, licenças de software.
- Dar assistência com informações gerais, reclamações e comentários.

Fornecer informações para comparar o desempenho atual dos serviços com os padrões de desenho não é responsabilidade do processo de Cumprimento de Requisição, mas sim do Gerenciamento de Evento.

Questão 34: Publicação Operação de Serviço – Processo de Gerenciamento de Problema – Definição de problema.

Alternativa correta: D

Um problema é a causa não conhecida de um ou mais incidentes.

Questão 35: Publicação Operação de Serviço – Processo de Gerenciamento de Acesso - Requisição de Acesso.

Alternativa correta: A

Uma requisição de acesso normalmente é realizada por meio da Central de Serviços.

Questão 36: Publicação Operação de Serviço – Função Central de Serviços – Papéis.

Alternativa correta: C

O papel de Analista da Central de Serviço atua como primeiro nível de suporte, recebendo chamados e tratando os incidentes ou Requisições de Serviço, usando os processos correspondentes.

Capítulo 4 Simulado 2 • **79**

Questão 37: Publicação Operação de Serviço – Função Gerenciamento de Aplicativo.

Alternativa correta: D

A) Incorreta: A Função Central de Serviços provê um ponto único de contato para clientes e usuários a fim de gerenciar a resolução de incidentes e assuntos relacionados ao suporte.

B) Incorreta: A Função Gerenciamento de Operações de TI é a função dentro de um provedor de serviço de TI que realiza as atividades diárias necessárias para o gerenciamento de um ou mais serviços de TI e da infraestrutura de TI de que eles dependem.

C) Incorreta: A Função Gerenciamento Técnico é responsável por fornecer habilidades técnicas para o suporte de serviços de TI e o gerenciamento de infraestrutura de TI com objetivo de apoiar o planejamento e implementar e manter infraestrutura técnica para suportar os Processos de Negócio.

D) **Correta:** A Função Gerenciamento de Aplicativo é a função responsável por gerenciar aplicativos durante os seus ciclos de vida.

Questão 38: Publicação Melhoria Contínua de Serviço.

Alternativa correta: A

A publicação Melhoria Contínua de Serviço orienta que o desempenho do provedor de serviço de TI seja continuamente medido e as melhorias sejam feitas para processos, serviços de TI e infraestrutura de TI de forma a aumentar a eficiência, a eficácia e a eficácia de custo.

Questão 39: Publicação Melhoria Contínua de Serviço - Processo de Melhoria de Sete Etapas.

Alternativa correta: C

O desempenho do provedor de serviço de TI é continuamente medido pelo Processo de Melhoria de Sete Etapas e as melhorias são feitas aos processos, serviços de TI e infraestrutura de TI de forma a aumentar a eficiência, a eficácia e a eficácia de custo.

80 • ITIL Foundation

Questão 40: Publicação Melhoria Contínua de Serviço - Processo de Melhoria de Sete Etapas.

Alternativa correta: A

O processo de Gerenciamento de Nível de Serviço atua com o processo de Melhoria de Sete Etapas definindo o que medir e os requisitos de monitoração e reportando os Níveis de Serviço alcançados.

Capítulo 5

Simulado 3

Entendendo os termos e conceitos relacionados a cada processo

Depois que você conseguir entender o objetivo de cada fase do ciclo de vida do serviço, associar os processos a cada fase e entender o objetivo dos processos, é importante reconhecer e relacionar termos e conceitos a cada um dos processos. Por exemplo, o processo de Gerenciamento de Nível de Serviço da fase Desenho de Serviço possui associado os termos Acordo de Nível de Serviço, Requisito de Nível de Serviço, Gráfico MANS, Revisão de Serviço, Plano de Melhoria de Serviço, Acordo de Nível Operacional, Contrato de Apoio etc.

Dica: Procure identificar os termos e conceitos relacionados a cada processo e liste-os. Em seguida, verifique se não esqueceu nenhum. Assim que tiver uma lista coerente, estude a definição de cada um dos termos da lista procurando identificar o que o liga ao processo em questão.

Simulado

1) A ITIL® é considerada:

A) um padrão de recomendação para controlar serviços de TI.
B) uma Norma para prover diretrizes sobre a prestação de Serviços de TI.
C) um modelo proprietário que permite padronizar a prestação de serviços de TI.
D) um conjunto de melhores práticas no gerenciamento de serviços de TI.

2) NÃO faz parte de todos os processos:

A) Papéis.
B) Entradas e Saídas.

82 • ITIL Foundation

C) Métricas.
D) Funções.

3) Um serviço que é utilizado para diferenciar o provedor de serviço de seus concorrentes e que é adicionado ao serviço principal para torná-lo mais atraente (não sendo considerado essencial para a entrega de um serviço) é chamado de:

A) serviço externo (*external service*).
B) serviço principal (*core service*).
C) serviço de apoio (*enabling service*).
D) serviço intensificador (*enhancing service*).

4) Sobre os papéis na ITIL®, considere:

I.   Pode haver vários Gerentes de Processo para um processo.
II. O papel de Dono de Processo é frequentemente atribuído à pessoa que executa o papel de Gerente de Processo.
III. Para o cliente, o Dono de Processo é o responsável pela iniciação, transição, manutenção e suporte de um determinado serviço.

Está correto o que se afirma em:

A) I, II e III.
B) I e II, apenas.
C) II e III, apenas.
D) II, apenas.

5) Considere as tecnologias a seguir:
I.   Ferramenta de *workflow* ou engenharia de processos.
II. Ferramenta de diagnóstico.
III. Sistema integrado de gerenciamento de configuração.
IV. Painéis de controle (*dashboard*).

Das tecnologias apresentadas, quais podem ser consideradas de apoio ao Gerenciamento de Serviço de TI para atender requisitos das fases do ciclo de vida do serviço?

Capítulo 5 Simulado 3 • **83**

A) todas.
B) nenhuma.
C) apenas a I e a II.
D) apenas a II e a IV.

6) O núcleo da ITIL® v3 é composto por:

A) seis publicações.
B) cinco publicações.
C) quatro publicações.
D) sete publicações.

7) NÃO é um processo da Estratégia de Serviço:

A) Gerenciamento de Portfólio de Serviço.
B) Gerenciamento Financeiro para Serviços de TI.
C) Gerenciamento de Demanda.
D) Gerenciamento de Catálogo de Serviço.

8) A Estratégia de Serviço de uma organização pode ser definida por 4 P's:
Perspectiva, Posição, Plano e:

A) Processos.
B) Produtos.
C) Pessoas.
D) Padrão.

9) O Funil de Serviços (*pipeline*) é um banco de dados ou documento estruturado que lista:

A) apenas os serviços de TI voltados ao cliente que são visíveis e de interesse do Negócio.
B) todos os serviços de TI que estejam sob consideração ou desenvolvimento, mas que ainda não estão disponíveis aos clientes.
C) apenas os serviços de TI disponíveis para implantação.
D) todos os serviços de TI em análise e/ou desenvolvimento, incluindo

84 • ITIL Foundation

10) A análise do Padrão de Atividade do Negócio (PAN) é normalmente realizada no processo de Gerenciamento:

A) da Capacidade.
B) da Demanda.
C) Financeiro para Serviços de TI.
D) de Nível de Serviço.

11) NÃO é um processo da publicação Desenho de Serviço:

A) Gerenciamento de Fornecedor.
B) Coordenação de Desenho.
C) Gerenciamento de Nível de Serviço.
D) Gerenciamento de Mudança.

12) A implementação do Gerenciamento de Serviços da ITIL® é uma prática que prepara e planeja a utilização eficiente e efetiva dos 4 P's da fase de Desenho de Serviço, que são:

A) perspectiva, posição, plano e padrão.
B) pessoas, processos, produtos e parceiros.
C) perspectiva, processos, planos e parceiros.
D) pessoas, parceiros, princípios e prioridades.

13) O processo da publicação Desenho de Serviço que é responsável por fornecer e manter o Catálogo de Serviço e por garantir que esteja disponível àqueles autorizados a acessá-lo é o processo de:

A) Gerenciamento de Portfólio de Serviço.
B) Gerenciamento de Catálogo de Serviço.
C) Gerenciamento de Nível de Serviço.
D) Gerenciamento de Configuração e de Ativo de Serviço.

14) O Catálogo de Serviços pode ser dividido em:

I. Catálogo de Serviços de Negócio – é o catálogo que o cliente visualiza e contém as informações úteis ao cliente.
II. Catálogo de Serviços Técnicos – não é visível ao cliente e contém detalhes técnicos sobre os serviços de TI entregues aos clientes.

Está correto o que se afirma em

A) I e II.
B) I, apenas.
C) II, apenas.
D) nenhum dos itens.

15) Um Relatório de Nível de Serviço desenhado para um cliente não deveria conter:

A) o tempo de indisponibilidade por período.
B) a média do nível de utilização da Central de Serviços.
C) o percentual de incidentes resolvidos dentro do objetivo.
D) as mudanças bem sucedidas e revertidas durante um período específico.

16) Um acordo entre um provedor de serviço de TI e outra parte da mesma organização é conhecido como:

A) Acordo de Nível Operacional.
B) Contrato de Apoio.
C) Acordo de Serviço.
D) Acordo de Nível de Serviço.

17) A medida do tempo em que um serviço de TI ou Item de Configuração pode executar a sua função acordada sem interrupção é chamada de:

A) Confiabilidade.
B) Disponibilidade.
C) Sustentabilidade.
D) Usabilidade.

86 • ITIL Foundation

18) O Gerenciamento de Capacidade inclui três subprocessos: Gerenciamento de Capacidade de Negócio, Gerenciamento de Capacidade de Serviço e Gerenciamento de Capacidade de:

A) Processo.
B) Item de Configuração.
C) Componente.
D) Aplicativo.

19) O processo responsável pelo gerenciamento de riscos que podem impactar, seriamente, os serviços de TI e que garante que o provedor de serviço de TI pode sempre prover um nível mínimo de serviço acordado, através da redução do risco a um nível aceitável e do planejamento da recuperação dos serviços de TI é o processo de:

A) Gerenciamento de Capacidade.
B) Gerenciamento de Disponibilidade.
C) Gerenciamento de Continuidade de Serviço de TI.
D) Gerenciamento de Segurança da Informação.

20) O processo da publicação Desenho de Serviço que é responsável por obter valor com o gasto realizado com fornecedores, garantindo que todos os contratos e acordos com fornecedores deem suporte às necessidades do Negócio e que todos os fornecedores cumpram seus compromissos contratuais é o processo de:

A) Gerenciamento de Relacionamento de Negócio.
B) Gerenciamento de Disponibilidade.
C) Gerenciamento de Continuidade de Serviço de TI.
D) Gerenciamento de Fornecedor.

21) A fase de Transição de Serviço:

A) define a perspectiva, a posição, os planos e os padrões que um provedor de serviço precisa executar para atender aos resultados de Negócio de uma organização.

B) garante que serviços novos, modificados ou obsoletos atendam às expectativas do Negócio como documentado nas fases de Estratégia de Serviço e Desenho de Serviço do ciclo de vida do serviço.

C) gerencia a tecnologia que é usada para entregar e dar suporte a serviços.

D) garante que os serviços estejam alinhados com as necessidades do Negócio por meio da identificação e da implementação de melhorias para os serviços de TI que suportam os Processos de Negócio.

22) NÃO é um propósito do processo de Gerenciamento de Mudança:

A) Garantir que métodos e procedimentos padronizados sejam adotados para um eficiente e rápido tratamento de mudanças.

B) Garantir que as mudanças dos Itens de Configuração e Ativos de Serviço sejam registradas no Sistema de Gerenciamento da Configuração.

C) Planejar os processos de transição de serviços e coordenar os recursos que eles requerem.

D) Garantir que o impacto das mudanças seja melhor compreendido.

23) As Propostas de Mudança são, normalmente, criadas pelo processo de _____ e são passadas para o Gerenciamento de Mudança para autorização. O Gerenciamento de Mudança analisará o impacto potencial em outros serviços, em recursos compartilhados e no cronograma geral de mudança. Depois que a proposta de mudança tiver sido autorizada, o processo que criou a proposta de mudança contratará o serviço

A lacuna é corretamente preenchida por:

A) Gerenciamento Estratégico para Serviços de TI.

B) Gerenciamento de Portfolio de Serviço.

C) Gerenciamento de Nível de Serviço.

D) Gerenciamento de Catálogo de Serviço.

24) Considere as mudanças a seguir:

I. Implementação de um sistema financeiro.

88 • ITIL Foundation

II. Solução de um incidente grave através da implementação de um sistema de segurança.

III. Provisão de um equipamento padrão para um novo funcionário.

Os itens I, II e III são:

A) exemplos de Mudança Normal.

B) respectivamente, exemplos de Mudança Normal, Mudança Emergencial e Mudança Padrão.

C) exemplos de Mudança Padrão.

D) respectivamente, exemplos de Mudança Padrão, Mudança Emergencial e Mudança Normal.

25) NÃO é uma das perguntas que fazem parte dos 7 R's do Gerenciamento de Mudança:

A) Quem Requisitou a mudança?

B) Qual é a Razão para a Mudança?

C) Quais os Requisitos para implementar a mudança?

D) Quais são os Riscos envolvidos na Mudança?

26) _____ mostra a estrutura de um serviço, ou seja, como os componentes se relacionam.

A lacuna é corretamente preenchida por:

A) Modelo de Configuração.

B) Modelo de Requisição.

C) Modelo de Serviço.

D) Modelagem de Simulação.

27) Uma Biblioteca de Mídia Definitiva é:

A) um local seguro, onde, sobressalentes de hardware são armazenados.

B) um banco de dados que contém definições de todos os Itens de configuração em mídia.

C) uma biblioteca segura onde apenas as versões autorizadas e definitivas de todos os softwares em mídia são armazenadas e protegidas.

D) uma biblioteca segura onde versões autorizadas e definitivas de todos os Itens de Configuração em mídia são armazenadas e protegidas.

28) O processo que considera as abordagens *big bang*, por etapas, empurrar e puxar e automática e manual é o processo de:

A) gerenciamento de Catálogo de Serviço.
B) Gerenciamento de Problemas.
C) Gerenciamento de Liberação e de Implantação.
D) Gerenciamento de Fornecedor.

29) Considere as atividades a seguir:

I. Desenho e planejamento de testes.
II. Preparação do ambiente de teste.
III. Realização de testes.
IV. Avaliação dos resultados dos testes e elaboração de relatórios.

São atividades do processo de Validação e Teste de Serviço as que constam em:

A) I, II, III e IV.
B) II e IV, apenas.
C) I, III e IV, apenas.
D) I e II, apenas.

30) A fase de Operação de Serviço:

A) define os planos e os padrões que um provedor de serviço precisa executar para atender aos resultados de Negócio de uma organização.
B) fornece orientação para o desenho e o desenvolvimento dos serviços e dos processos de gerenciamento de serviços.
C) orienta sobre como efetivar a transição de serviços novos e/ou modificados para operações implementadas.

90 • ITIL Foundation

D) coordena e executa as atividades e os processos requeridos para entregar e gerenciar serviços em níveis acordados para usuários de Negócio e clientes.

31) O processo que garante que a operação normal de um serviço seja restaurada tão rapidamente quando possível e que o impacto nas operações Negócio seja minimizado é o processo de:

A) Gerenciamento de Problema.
B) Gerenciamento de Evento.
C) Gerenciamento de Incidente.
D) Gerenciamento de Segurança da Informação.

32) A redução ou eliminação do impacto de um incidente ou problema para o qual uma resolução completa ainda não está disponível é conhecida como:

A) Carga de Trabalho.
B) Solução de Contorno.
C) Recuperação Rápida.
D) Reparo.

33) É mais provável de ser gerenciado como uma Requisição de Serviço usando o processo de Cumprimento de Requisição:

A) Uma mudança de funcionalidade é requisitada para um aplicativo após uma revisão de serviço.
B) Um usuário liga para a Central de Serviços para solicitar um cartucho de tinta para a impressora.
C) Um gerente solicita uma mudança em um perfil de segurança global.
D) Usuários solicitam teste de um elemento do Plano de Continuidade de Negócio.

34) Considere:
I.   Ações que foram tomadas corretamente.
II. Ações que foram tomadas de forma incorreta.
III. Como impedir a recorrência.
IV. O que pode ser feito melhor no futuro.

Em uma revisão de problema grave é examinado o que consta em:

A) I e III, apenas.
B) I, II, III e IV.
C) I e II, apenas.
D) III e IV, apenas.

35) O objetivo do Gerenciamento de Acesso é:

A) garantir que a confidencialidade, integridade e disponibilidade dos ativos, informações, dados e serviços de TI de uma organização correspondam às necessidades acordadas.
B) gerenciar os riscos que podem impactar seriamente os serviços de TI.
C) reduzir ou eliminar o impacto de um incidente ou problema para o qual uma resolução completa ainda não está disponível.
D) gerenciar o direito de uso de um serviço ou grupo de serviços.

36) Sobre a Função Central de Serviços, considere:

I.   Central de Serviço Local.
II. Central de Serviço Centralizada.
III. Central de Serviço Virtual.
IV. Central de Serviço Siga o Sol.

São modalidades, em que a Central de Serviços pode ser implementada, o que consta nos itens:

A) I, II, III e IV.
B) II, III e IV, apenas.
C) I, II e III, apenas.
D) II e III, apenas.

37) O papel da Central de Serviços que possui a responsabilidade de garantir que as pessoas e os níveis de conhecimento sejam mantidos, de fazer a programação das equipes, de oferecer suporte aos analistas, de produzir relatórios estatísticos gerenciais e de fazer a comunicação com o Gerenciamento de Mudança é o papel de:

92 • ITIL Foundation

A) Gerente da Central de Serviço.
B) Supervisor da Central de Serviço.
C) Analista da Central de Serviço.
D) Gerente de Integração.

38) A publicação Melhoria Contínua de Serviço orienta através de princípios, práticas e métodos de gerenciamento da qualidade, sobre como fazer, sistematicamente, melhorias incrementais na qualidade do serviço, nas metas de eficiência operacional, na continuidade do serviço etc., com base no modelo:

A) ISO9000.
B) PDCA.
C)5S.
D) CMMI.

39) O processo responsável pela definição e gerenciamento das etapas necessárias para identificar, definir, coletar, processar, analisar, apresentar e implementar melhorias é o processo de:

A) Gerenciamento de Qualidade.
B) Gerenciamento de Melhorias.
C) Melhoria Continuada.
D) Melhoria de Sete Etapas.

40) Os tipos de métricas utilizadas na Melhoria Contínua de Serviço são:

A) métricas de serviço, métricas de produto e métricas de comportamento.
B) métricas de tecnologia, métricas de serviço e métricas de produto.
C) métricas de tecnologia, métricas de processo e métricas de serviço.
D) métricas de serviço, métricas de processo e métricas de comportamento.

Gabarito do simulado 3

1	2	3	4	5	6	7	8	9	10
D	D	D	B	A	B	D	D	B	B
11	12	13	14	15	16	17	18	19	20
D	B	B	A	B	A	A	C	C	D
21	22	23	24	25	26	27	28	29	30
B	C	B	B	C	A	D	C	A	D
31	32	33	34	35	36	37	38	39	40
C	B	B	D	D	A	B	B	D	C

Correção do simulado 3

Questão 1: Objetivo da ITIL®

Alternativa correta: D

A) Incorreta: ITIL® não é um padrão, mas sim um conjunto de práticas que já se mostraram eficientes no gerenciamento de serviços de TI. Além disso, não tem o objetivo de controlar os serviços, mas sim prover orientações para um gerenciamento de serviços de sucesso.

B) Incorreta: ITIL® não é uma Norma, mas sim um conjunto de melhores práticas que provê orientações testadas e comprovadas no gerenciamento de serviços de TI.

C) Incorreta: ITIL® além de não ser proprietário pode ser utilizado e adaptado para qualquer tipo e tamanho de organização, privada ou pública.

D) **Correta:** ITIL® é um conjunto de melhores práticas no gerenciamento de serviços de TI, não proprietário e que pode ser utilizado em qualquer tipo e categoria de organização, independente do tamanho e ramo de atuação.

94 • ITIL Foundation

Questão 2: Conceitos e definições da ITIL® - Processos.

Alternativa correta: D

A) Incorreta: Todo processo precisa de uma pessoa ou grupo com responsabilidades e autoridade definidas. Por exemplo: o papel de Gerente de Mudanças.
B) Incorreta: Todo processo precisa de entradas (informações, recursos, habilidades) para entregar as saídas (serviços ou parte deles).
C) Incorreta: Todo processo precisa da aplicação de métricas, por exemplo, para mensuração de custos, qualidade, duração etc.
D) **Correta:** Papéis, Entradas e Saídas e Métricas fazem parte de todos os processos. Nem todo processo precisa de uma Função. Funções são, usualmente, unidades organizacionais especializadas na execução de certos tipos de atividades, por exemplo, Central de Serviços, Gerenciamento Técnico etc. Nem todo processo precisa dessas unidades organizacionais.

Questão 3: Conceitos e definições da ITIL® – Serviço Intensificador.

Alternativa correta: D

A) Incorreta: Serviços externos são aqueles prestados para clientes externos à organização.
B) Incorreta: Serviço principal é um serviço que entrega os resultados básicos que um cliente deseja.
C) Incorreta: Serviço de apoio é um serviço necessário para entregar o serviço principal.
D) Correta: Um serviço intensificador é o "algo mais" utilizado para tornar o serviço mais atraente e estimular os clientes a usar um serviço principal. É uma forma de diferenciar o serviço das alternativas dos concorrentes.

Questão 4: Conceitos e definições da ITIL® - Papéis.

Alternativa correta: B

Apenas os itens I e II estão corretos.

I) Correto: Pode haver vários Gerentes de Processo para um processo. Por exemplo, pode haver Gerentes de Processo de mudanças regionais.

II) Correto: O papel de Dono de Processo é, frequentemente, atribuído à pessoa que executa o papel de Gerente de Processo, porém, em organizações maiores, esses papéis podem estar separados.

III) Incorreto: Para o cliente, o Dono de Serviço é o responsável pela iniciação, transição, manutenção e suporte de um determinado serviço. O Dono do Processo patrocina, desenha e gerencia mudança e melhoria contínua do processo, garantindo que a documentação do processo esteja sempre atualizada.

Questão 5: Conceitos e definições da ITIL® – Tecnologias de apoio.

Alternativa correta: A

O Gerenciamento de serviços de TI requer apoio de tecnologias integradas que atendam requisitos das fases do ciclo de vida do serviço, tais como ferramentas de *workflow* (usadas normalmente em cadeias de aprovação), sistemas integrados de gerenciamento de configuração, ferramentas de diagnóstico, painéis de controle (*dashboards*), controle de versões, ferramentas de gerenciamento de aplicativos etc.

Questão 6: Estrutura da ITIL® – Publicações.

Alternativa correta: B

O núcleo da ITIL® v3 é composto por cinco publicações, cada uma delas relacionada a um estágio do ciclo de vida do serviço, contendo orientações para uma abordagem integrada de gerenciamento de serviços.

Questão 7: Publicação Estratégia de Serviço – Processos.

Alternativa correta: D

A) Incorreta: Gerenciamento de Portfólio de Serviço é um processo da publicação Estratégia de Serviço.

B) Incorreta: Gerenciamento Financeiro para Serviços de TI é um processo da publicação Estratégia de Serviço.

C) Incorreta: Gerenciamento de Demanda é um processo da publicação Estratégia de Serviço.

D) **Correta:** O processo de Gerenciamento de Catálogo de Serviço é um processo da publicação Desenho de Serviço e não da publicação Estratégia de Serviço.

Questão 8: Publicação Estratégia de Serviço – 4 P's.

Alternativa correta: D

A) Incorreta: Processos não fazem parte dos P's da Estratégia de Serviço. Processos fazem parte dos 4 P's do Desenho de Serviço.

B) Incorreta: Produtos não fazem parte dos P's da Estratégia de Serviço. Produtos fazem parte dos 4 P's do Desenho de Serviço.

C) Incorreta: Pessoas não fazem parte dos P's da Estratégia de Serviço. Pessoas fazem parte dos 4 P's do Desenho de Serviço.

D) **Correta:** Os 4 P's da Estratégia de Serviço são Perspectiva (visão e direção da empresa) Posição (onde o provedor de serviços atua em relação a seus concorrentes), Plano (como a visão definida pela Perspectiva será atingida) e Padrão (padrões diferenciados na execução de ações e tomada de decisões advindos da experiência adquirida com o passar do tempo).

Questão 9: Publicação Estratégia de Serviço - Funil de serviços.

Alternativa correta: B

A) Incorreta: O Funil de Serviços não lista apenas os serviços de TI voltados ao cliente que são visíveis e de interesse do Negócio, mas sim todos os serviços de TI que ainda não estão disponíveis aos clientes.

B) **Correta:** O Funil de Serviços é um banco de dados ou documento estruturado listando todos os serviços de TI que estejam sob consideração ou desenvolvimento, mas que ainda não estão disponíveis aos clientes.

C) Incorreta: O Funil de Serviços não lista apenas os serviços de TI disponíveis para implantação, mas sim todos os serviços de TI que ainda não estão disponíveis aos clientes.

Capítulo 5 Simulado 3 • 97

D) Incorreta: O Funil de Serviços não lista todos os serviços de TI em análise e/ ou desenvolvimento, porém, que ainda não estejam disponíveis aos clientes.

Questão 10: Publicação Estratégia de Serviço – Processo de Gerenciamento de Demanda – Padrão de Atividade de Negócio.

Alternativa correta: B

A) Incorreta: A análise do Padrão de Atividade do Negócio (PAN) é realizada no processo de Gerenciamento de Demanda, não de Gerenciamento de Capacidade.

B) **Correta:** No nível estratégico, o Gerenciamento de Demanda pode envolver a análise de Padrões de Atividade de Negócios para influenciar a demanda do cliente por serviços e prover capacidade para atender essas demandas.

C) Incorreta: A análise do Padrão de Atividade do Negócio (PAN) é realizada no processo de Gerenciamento de Demanda, não no Gerenciamento Financeiro.

D) Incorreta: A análise do Padrão de Atividade do Negócio (PAN) é realizada no processo de Gerenciamento de Demanda, não de Gerenciamento de Nível de Serviço.

Questão 11: Publicação Desenho de Serviço – Processos.

Alternativa correta: D

A publicação Desenho de Serviço inclui os seguintes processos: Coordenação de Desenho, Gerenciamento de Catálogo de Serviço, Gerenciamento de Nível de Serviço, Gerenciamento de Disponibilidade, Gerenciamento de Capacidade, Gerenciamento de Continuidade de Serviço de TI, Gerenciamento de Segurança da Informação e Gerenciamento de Fornecedor.

O processo de Gerenciamento de Mudança faz parte da publicação Transição de Serviço, não da publicação Desenho de Serviço.

98 • ITIL Foundation

Questão 12: Publicação Desenho de Serviço - 4 P's.

Alternativa correta: B

Perspectiva, posição, plano e padrão definem a estratégia de uma organização e são considerados os 4 P's da Estratégia de Serviço.

Pessoas, processos, produtos e parceiros correspondem aos 4 P's da fase de Desenho de Serviço. Pessoas correspondem às pessoas, habilidades e competências envolvidas no provisionamento de serviços; Processos correspondem aos processos, funções e atividades envolvidas; Produtos correspondem à tecnologia e aos sistemas de gerenciamento utilizados; e Parceiros correspondem aos fabricantes, provedores e fornecedores utilizados para ajudar e suportar o provisionamento de serviços.

Questão 13: Publicação Desenho de Serviço – Processo de Gerenciamento de Catálogo de Serviço.

Alternativa correta: B

A) Incorreta: O Gerenciamento de Portfólio de Serviço (publicação Estratégia de Serviço) é o processo responsável por gerenciar o Portfólio de Serviço. Esse processo garante que o provedor de serviço tenha a composição correta de serviços para atender aos resultados de Negócio em um nível adequado de investimento.

B) **Correta:** O processo de Gerenciamento de Catálogo de Serviço é responsável por fornecer e manter o Catálogo de Serviço e por garantir que esteja disponível àqueles autorizados a acessá-lo.

C) Incorreta: O processo de Gerenciamento de Nível de Serviço (publicação Desenho de Serviço) é responsável pela negociação de acordos de Nível de Serviço atingíveis e por garantir que todos eles sejam alcançados. É responsável por garantir que todos os processos do gerenciamento de serviço de TI, Acordos de Nível Operacional e Contratos de Apoio, sejam adequados para as metas de Nível de Serviço acordadas.

D) Incorreta: O processo de Gerenciamento de Configuração e de Ativo de Serviço (publicação Transição de Serviço) é responsável por garantir que os ativos requeridos para entregar serviços sejam, devidamente, controlados e que informações precisas e confiáveis sobre esses ativos estejam disponíveis quando e onde forem necessárias.

Questão 14: Publicação Desenho de Serviço – Processo de Gerenciamento de Catálogo de Serviço – Tipos de Catálogo de Serviço.

Alternativa correta: A

Todos os itens estão corretos.

Existem dois tipos de Catálogo de Serviço: Catálogo de Serviços de Negócio e Catálogo de Serviços Técnicos. O Catálogo de Serviços de Negócio é o catálogo que o cliente visualiza e contém as informações úteis ao cliente. O Catálogo de Serviços Técnicos não é visível ao cliente e contém detalhes técnicos sobre os serviços de TI entregues aos clientes.

Questão 15: Publicação Desenho de Serviço – Processo de Gerenciamento de Nível de Serviço - Relatório de Nível de Serviço.

Alternativa correta: B

A média do nível de utilização da Central de Serviços é o indicador de desempenho menos relevante para um Relatório de Nível de Serviço desenhado para um cliente.

Questão 16: Publicação Desenho de Serviço – Conceitos do Gerenciamento de Nível de Serviço - Acordo de Nível Operacional.

Alternativa correta: A

A) **Correta:** Acordo de Nível Operacional é um acordo firmado entre um provedor de serviço de TI e outra parte da mesma organização, que dá apoio à entrega, pelo provedor de serviço de TI, de serviços de TI a clientes e define os produtos ou serviços a serem fornecidos e as responsabilidades de ambas as partes.

B) Incorreta: Contrato de Apoio é um contrato entre um provedor de serviço de TI e um terceiro. O terceiro fornece produtos ou serviços que são necessários para a execução de um serviço de TI a um cliente.

100 • ITIL Foundation

C) Incorreta: Não há referência na ITIL® v3 ao termo Acordo de Serviço.

D) Incorreta: Acordo de Nível de Serviço é um acordo entre um provedor de serviço de TI e um cliente, que descreve o serviço de TI, documenta metas de Nível de Serviço e especifica as responsabilidades do provedor de serviço de TI e do cliente.

Questão 17: Publicação Desenho de Serviço – Processo de.

Alternativa correta: A

A) **Correta:** Confiabilidade é uma medida do tempo em que um serviço de TI ou outro Item de Configuração pode executar a sua função acordada sem interrupção.

B) Incorreta: Disponibilidade é a habilidade de um serviço de TI ou outro Item de Configuração de desempenhar a sua função acordada quando requerido.

C) Incorreta: Sustentabilidade é uma medida do quão rápida e efetivamente um Item de Configuração ou serviço de TI pode ser recuperado para o trabalho normal após uma falha.

D) Incorreta: Usabilidade é a facilidade com a qual um aplicativo, produto ou serviço de TI pode ser usado.

Questão 18: Publicação Desenho de Serviço – Processo de Gerenciamento de Capacidade - Gerenciamento de Capacidade de Componente.

Alternativa correta: C

O Gerenciamento de Capacidade da publicação Desenho de Serviço inclui três subprocessos: Gerenciamento de Capacidade de Negócio, Gerenciamento de Capacidade de Serviço e Gerenciamento de Capacidade de Componente.

Questão 19: Publicação Desenho de Serviço – Processo de Gerenciamento de Continuidade de Serviço de TI.

Alternativa correta: C

Capítulo 5 Simulado 3 • **101**

A) Incorreta: O processo de Gerenciamento de Capacidade da publicação Desenho de Serviço é responsável por garantir que a capacidade dos serviços de TI e a infraestrutura de TI sejam capazes de atender aos requisitos relacionados à capacidade e ao desempenho acordados de maneira oportuna e eficaz em custo.

B) Incorreta: o processo de Gerenciamento de Disponibilidade é responsável por garantir que os serviços de TI atendam às necessidades atuais e futuras de disponibilidade do Negócio, de uma maneira mais efetiva em custo e mais oportuna.

C) **Correta:** Gerenciamento de Continuidade de Serviço de TI responsável pelo gerenciamento de riscos que podem impactar seriamente os serviços de TI. Esse processo garante que o provedor de serviço de TI pode sempre prover um nível mínimo de serviço acordado, através da redução do risco a um nível aceitável e do planejamento da recuperação dos serviços de TI.

D) Incorreta: Gerenciamento de Segurança da Informação é o processo responsável por garantir que a confidencialidade, integridade e disponibilidade dos ativos, informações, dados e serviços de TI de uma organização correspondam às necessidades acordadas do Negócio.

Questão 20: Publicação Desenho de Serviço – Processo de Gerenciamento de Fornecedor.

Alternativa correta: D

A) Incorreta: O processo de Gerenciamento de Relacionamento de Negócio, da publicação Estratégia de Serviço, é responsável pela manutenção de um relacionamento positivo com os clientes.

B) Incorreta: o processo de Gerenciamento de Disponibilidade é responsável por garantir que os serviços de TI atendam às necessidades atuais e futuras de disponibilidade do Negócio de uma maneira mais efetiva em custo e mais oportuna.

C) Incorreta: Gerenciamento de Continuidade de Serviço de TI é responsável pelo gerenciamento de riscos que podem impactar seriamente os serviços de TI. Este processo garante que o provedor de serviço de TI pode sempre prover um nível mínimo de serviço acordado, através da redução do risco a um nível aceitável e do planejamento da recuperação dos serviços de TI.

102 • ITIL Foundation

D) **Correta:** Gerenciamento de Fornecedor é o processo responsável por obter valor com o gasto realizado com fornecedores, garantindo que todos os contratos e acordos com fornecedores deem suporte às necessidades do Negócio e que todos os fornecedores cumpram seus compromissos contratuais.

Questão 21: Publicação Transição de Serviço – Objetivo.

Alternativa Correta: B

A) Incorreta: Esta alternativa define a publicação Estratégia do Serviço.
B) **Correta:** A Transição de Serviço garante que serviços novos, modificados ou obsoletos atendam às expectativas do Negócio como documentado nas etapas de Estratégia de Serviço e Desenho de Serviço do ciclo de vida.
C) Incorreta: Esta alternativa define a publicação Operação de Serviço.
D) Incorreta: Esta alternativa define a publicação Melhoria Contínua de Serviço.

Questão 22: Publicação Transição de Serviço - Processo de Gerenciamento de Mudança.

Alternativa correta: C

As alternativas A, B e D descrevem propósitos do processo de Gerenciamento de Mudança.
Planejar os processos de transição de serviços e coordenar os recursos que eles requerem não é propósito do processo de Gerenciamento de Mudança, mas sim do processo de Planejamento e Suporte da Transição.

Questão 23: Publicação Transição de Serviço - Processo de Gerenciamento de Mudança - Propostas de Mudança.

Alternativa correta: B

As Propostas de Mudança são normalmente criadas pelo processo de **_Gerenciamento de Portfólio de Serviço_** e são passadas para o Gerenciamento de Mudança para autorização. O Gerenciamento de Mudança analisará o impacto potencial em outros serviços, em recursos compartilhados e no cronograma

Capítulo 5 Simulado 3 • **103**

geral de mudança. Depois que a proposta de mudança tiver sido autorizada, o processo de **Gerenciamento de Portfólio de Serviço** contratará o serviço.

Questão 24: Publicação Transição de Serviço - Processo de Gerenciamento de Mudança – Tipos de mudança.

Alternativa B

Na implementação de um sistema financeiro, os riscos são desconhecidos e, normalmente, ainda não existem procedimentos ou instruções de trabalhos padronizados, por isso, trata-se de uma Mudança Normal.

A solução de um incidente grave através da implementação de um sistema de segurança é uma mudança urgente, que deve ser implementada o mais rápido possível, por isso, é uma Mudança Emergencial.

Já a provisão de um equipamento padrão para um novo funcionário é um procedimento padrão onde existem procedimentos preestabelecidos já aceitos, por isso, trata-se de uma Mudança Padrão.

Questão 25: Publicação Transição de Serviço - Processo de Gerenciamento de Mudança – 7 R's.

Alternativa correta: C

As perguntas referentes aos 7 R's do Gerenciamento de Mudança são:
Quem **R**equisitou a mudança?
Qual é a **R**azão para a Mudança?
Qual é o **R**etorno requerido da mudança?
Quais são os **R**iscos envolvidos na Mudança?
Quais são os **R**ecursos necessários para a entrega da mudança?
Quem é o **R**esponsável pela construção, teste e implementação da mudança?
Qual é o **R**elacionamento entre esta mudança e outras?

104 • ITIL Foundation

Questão 26: Publicação Transição de Serviço – Processo de Gerenciamento de Configuração e de Ativos de Serviço – Modelo de Configuração.

Alternativa correta: A

A) **Correta:** Modelo de Configuração mostra a estrutura de um serviço, ou seja, como os componentes se relacionam.
B) Incorreta: Modelo de Requisição define etapas específicas acordadas que serão seguidas para uma requisição de serviço de determinada categoria.
C) Incorreta: Modelo de Serviço é um modelo que mostra como os ativos de serviço interagem com ativos de cliente para criar valor.
D) Incorreta: Modelagem de Simulação é uma técnica que cria um modelo detalhado para prever o comportamento de um serviço de TI ou Item de Configuração.

Questão 27: Publicação Transição de Serviço – Processo de Gerenciamento de Configuração e de Ativos de Serviço - Biblioteca de Mídia Definitiva.

Alternativa correta: D

Uma Biblioteca de Mídia Definitiva é uma biblioteca segura, onde versões autorizadas e definitivas de todos os Itens de Configuração em mídia são armazenadas e protegidas. Consiste em uma ou mais localidades em que as versões definitivas e autorizadas de todos os Itens de Configuração de software são armazenadas de maneira segura. A biblioteca de mídia definitiva também pode conter Itens de Configuração associados, como licenças e documentação.

Questão 28: Publicação Transição de Serviço – Processo de Gerenciamento de Liberação e de Implantação – Abordagens de implantação.

Alternativa correta: C

O Pacote de Desenho de Serviço descreve o modelo de liberação (abordagem) de um serviço incluindo abordagem, mecanismos, processos e recursos necessários para a construção e implantação da liberação. Para implantar um

Capítulo 5 Simulado 3 • **105**

serviço de TI, o processo de **Gerenciamento de Liberação e de Implantação** considera as abordagens: manual, automática, puxar e empurrar, liberação por fases e *big bang*.

Questão 29: Publicação Transição de Serviço – Processo de Validação e Teste de Serviço.

Alternativa correta: A

Todos os itens estão corretos.
As atividades da Validação e Teste de Serviço são:

* Gerenciamento da validação e teste de serviço;
* Desenho e planejamento de validação e testes;
* Verificação do plano de testes;
* Preparação do ambiente de teste;
* Realização de testes;
* Avaliação dos resultados dos testes e elaboração de relatórios;
* Finalização e encerramento.

Questão 30: Publicação Operação de Serviço - Objetivo

Alternativa correta: D

A) Incorreta: Esta alternativa descreve a publicação Estratégia de serviço.
B) Incorreta: Esta alternativa descreve a publicação Desenho de serviço.
C) Incorreta: Esta alternativa descreve a publicação Transição de serviço.
D) **Correta:** A fase de Operação de Serviço coordena e executa as atividades e os processos requeridos para entregar e gerenciar serviços em níveis acordados para usuários de Negócio e clientes.

Questão 31: Publicação Operação de Serviço – Processo de Gerenciamento de Incidente.

106 • ITIL Foundation

Alternativa correta: C

A) Incorreta: O Gerenciamento de Problemas previne proativamente a ocorrência de incidentes e minimiza o impacto dos incidentes que não podem ser evitados.

B) Incorreta: Gerenciamento de Evento é o processo responsável por monitorar um serviço de TI e detectar quando o desempenho cai abaixo dos limites aceitáveis.

C) **Correta:** O Gerenciamento de Incidente garante que a operação normal de um serviço seja restaurada tão rapidamente quando possível e que o impacto nas operações Negócio seja minimizado.

D) Incorreta: O Gerenciamento de Segurança da Informação é responsável por garantir que a confidencialidade, integridade e disponibilidade dos ativos, informações, dados e serviços de TI de uma organização correspondam às necessidades acordadas do Negócio.

Questão 32: Publicação Operação de Serviço – Processo de Gerenciamento de Incidente – Solução de Contorno.

Alternativa correta: B

A) Incorreta: Cargas de Trabalho são os recursos necessários para executar uma parte identificável de um serviço de TI. As cargas de trabalho podem ser classificadas em categorias, como usuários, grupos de usuários ou funções dentro de um serviço de TI.

B) **Correta:** Solução de Contorno (*workaround*) é a redução ou eliminação do impacto de um incidente ou problema para o qual uma resolução completa ainda não está disponível, por exemplo, reiniciar um Item de Configuração com falha. Soluções de contorno para problemas são documentadas nos registros de erro conhecido. As soluções de contorno para incidentes, que não possuem um registro de problema associado, são documentadas no registro de incidente.

C) Incorreta: Recuperação Rápida é uma opção de recuperação que também é conhecida como *hot standby*.

D) Incorreta: Reparo é a substituição ou correção de um Item de Configuração em falha.

Questão 33: Publicação Operação de Serviço – Processo de Cumprimento de Requisição – Requisição de Serviço

Alternativa correta: B

O processo de Cumprimento de Requisição é responsável pela entrega de componentes de serviço padrão requisitada e por prover um canal para os usuários solicitarem e receberem os serviços padrão para os quais existe uma aprovação predefinida. A solicitação de um cartucho de tinta para a impressora via Central de Serviço representa um serviço padrão que, normalmente, já tem uma aprovação predefinida, logo, é provável de ser gerenciado como uma requisição de serviço usando o processo de Cumprimento de Requisição.

Questão 34: Publicação Operação de Serviço – Processo de Gerenciamento de Problema.

Alternativa correta: B

Em uma revisão de problema grave, são examinadas as ações que foram tomadas corretamente e as que foram tomadas de forma incorreta, como impedir a recorrência e o que pode ser feito melhor no futuro.

Questão 35: Publicação Operação de Serviço – Processo de Gerenciamento de Acesso.

Alternativa correta: D

A) Incorreta: Garantir que a confidencialidade, integridade e disponibilidade dos ativos, informações, dados e serviços de TI de uma organização correspondam às necessidades acordadas é responsabilidade do processo de Gerenciamento de Segurança da Informação.
B) Incorreta: Gerenciar os riscos que podem impactar seriamente os serviços de TI é responsabilidade do processo de Gerenciamento de Continuidade de Serviço de TI.

108 • ITIL Foundation

C) Incorreta: Reduzir ou eliminar o impacto de um incidente ou problema para o qual uma resolução completa ainda não está disponível é a descrição de uma Solução de Contorno de responsabilidade, geralmente, do processo de Gerenciamento de Incidente.

D) **Correta:** O objetivo do Gerenciamento de Acesso é gerenciar o direito de uso de um serviço ou grupo de serviços.

Questão 36: Publicação Operação de Serviço – Função Central de Serviços – Modalidades de Implementação.

Alternativa correta: A

A Central de Serviço pode ser implementada nas modalidades Local, Centralizada, Virtual e Siga o Sol.

Questão 37: Publicação Operação de Serviço – Função Central de Serviços – Papéis.

Alternativa correta: B

O papel de Supervisor da Central de Serviço possui a responsabilidade de garantir que as pessoas e os níveis de conhecimento sejam mantidos, de fazer a programação das equipes, de oferecer suporte aos analistas, de produzir relatórios estatísticos gerenciais e de fazer a comunicação com o Gerenciamento de Mudança e gerentes superiores etc.

Questão 38: Publicação Melhoria Contínua de Serviço – PDCA.

Alternativa correta: B

A publicação Melhoria Contínua de Serviço orienta através de princípios, práticas e métodos de gerenciamento da qualidade, sobre como fazer, sistematicamente, melhorias incrementais na qualidade do serviço, nas metas de eficiência operacional, na continuidade do serviço etc., com base no modelo PDCA.

Capítulo 5   Simulado 3   •   **109**

Questão 39: Publicação Melhoria Contínua de Serviço - Processo de Melhoria de Sete Etapas.

Alternativa correta: D

O Processo de Melhoria de Sete Etapas é o processo responsável pela definição e gerenciamento das etapas necessárias para identificar, definir, coletar, processar, analisar, apresentar e implementar melhorias. O desempenho do provedor de serviço de TI é, continuamente, medido por esse processo e as melhorias são feitas aos processos, serviços de TI e infraestrutura de TI de forma a aumentar a eficiência, a eficácia e a eficácia de custo. As oportunidades para melhoria são registradas e gerenciadas no registro da Melhoria Contínua de Serviço.

Os processos apresentados nas alternativas A, B e C não existem na ITIL® v3.

Questão 40: Publicação Melhoria Contínua de Serviço – Tipos de métricas.

Alternativa correta: C

Os tipos de métricas utilizadas na Melhoria Contínua de Serviço são métricas de tecnologia, métricas de processo e métricas de serviço.

Capítulo 6

Simulado 4

Identifique os papéis atuantes em cada processo

Agora que você já conhece bem as fases do ciclo de vida do serviço, os processos e as atividades de cada procedimento, é importante conhecer os papéis atuantes nesses processos. A maioria dos processos possui pelo menos um papel responsável pelo seu gerenciamento operacional ou por outras atividades. Esse papel, normalmente, é o de Gerente de Processo que tem, entre outras responsabilidades, o planejamento e a coordenação de todas as atividades necessárias para executar, monitorar e relatar informações do processo. Praticamente todos os processos possuem um ou mais papéis, sendo o principal deles, de Gerente do Processo.

Dica: Identifique e liste todos os papéis existentes em cada processo, de cada fase do ciclo de vida do serviço. Você pode fazer isso fase por fase, separadamente. Em seguida, entenda as atribuições de cada um desses papéis.

Vale lembrar que as Funções também possuem papéis. Caso queira, identifique também os papéis existentes nas Funções.

Simulado

1) As mudanças que ocorreram na atualização da ITIL® v3 em 2011 visaram, entre outras coisas:
   A) acrescentar a função Central de Serviços na publicação Operação de Serviço.
   B) acrescentar novos processos em todas as cinco publicações.
   C) acrescentar o processo Validação e Teste de Serviço na publicação Transição de Serviço.
   D) corrigir alguns erros e inconsistências identificadas no texto, nas figuras e nos relacionamentos entre as cinco publicações.

112 • ITIL Foundation

2) Segundo a ITIL® v3, uma organização utiliza recursos e habilidades para criar valor:

A) no suporte aos serviços.
B) na entrega de serviços.
C) na forma de bens e serviços.
D) na forma de saída para o gerenciamento da produção.

3) Considere as definições a seguir:

I. É um meio de entregar valor para os clientes, ajudando a alcançar os resultados que eles desejam atingir.
II. Alguém que compra serviços de TI. Pessoa ou grupo que define e faz acordos de metas de nível de serviço.
III. Pessoa que usa os serviços de TI no dia a dia.

Os itens I, II e II definem, respectivamente,

A) processo, parceiro e usuário.
B) recurso, cliente e parceiro.
C) serviço, cliente e usuário.
D) habilidade, parceiro e proprietário.

4) Considere as ações a seguir:

I. Representar um serviço específico por toda a organização.
II. Atualizar o Banco de Dados de Gerenciamento de Configuração após uma mudança.
III. Ajudar a identificar melhorias em um serviço.
IV. Representar um serviço específico em reuniões do Comitê Consultivo de Mudança.

O dono de um serviço é responsável pelo que consta APENAS em:

A) I e IV.
B) I, III e IV.

Capítulo 6 Simulado 4 • 113

C) II e III.
D) II, III e IV.

5) Considere:

I. Métricas de Serviço medem o serviço de ponta a ponta.
II. Cada Indicador-Chave de Desempenho deve estar relacionado com um fator crítico de sucesso.
III. Melhoria Contínua de Serviço utiliza métricas de processo para identificar oportunidades de melhoria.
IV. Indicadores-Chave de Desempenho podem ser qualitativos e quantitativos.

Está correto sobre Indicadores-Chave de Desempenho e métricas o que se afirma em:

A) I, II, III e IV.
B) I, III e IV, apenas.
C) II, apenas.
D) II e IV, apenas.

6) A arquitetura do núcleo da ITIL® é baseada no ciclo de vida de serviço e está organizada em cinco publicações:

A) Gerenciamento de Serviços, Desenho de Serviço, Automação de Serviços, Operação de Serviço e Garantia da Qualidade de Serviço.
B) Gerenciamento Estratégico, Projeto de Serviço, Manutenção do Nível de Serviço, Liberação de Serviço e Melhoria Continuada de Serviço.
C) Estratégia de Serviço, Desenho de Serviço, Transição de Serviço, Operação de Serviço e Melhoria Continuada de Serviço.
D) Gerenciamento de Portfólio de Serviço, Desenho de Serviço, Operação de Serviço, Transição de Serviço e Garantia da Qualidade de Serviço.

114 • ITIL Foundation

7) A demanda por produtos de TI:

A) é motivada pelo Padrão de Atividade de Negócio (PAN).
B) é impossível prever como irá se comportar.
C) é impossível influenciar padrões de demanda.
D) é motivada pelo cronograma de entrega gerado pelo processo de Gerenciamento de Disponibilidade.

8) É um banco de dados ou documento estruturado com informações sobre todos os serviços de TI de produção, incluindo aqueles disponíveis para implantação. É parte do Portfólio de Serviço e contém informações sobre dois tipos de serviço de TI: serviços voltados ao cliente que são visíveis para o Negócio e serviços de suporte requeridos pelo provedor de serviço para entregar serviços voltados ao cliente.

O texto fala do:
A) Portfólio de Projeto.
B) Pacote de Serviços.
C) Catálogo de Serviço.
D) Funil de Serviço.

9) O processo que tem como objetivo suportar o Padrão de Atividade de Negócio (PAN), influenciar a demanda do cliente por serviços e prover capacidade para atender estas demandas é o processo de:

A) Gerenciamento Financeiro para Serviços de TI.
B) Gerenciamento de Demanda.
C) Gerenciamento do Relacionamento de Negócio.
D) Gerenciamento de Fornecedor.

10) A publicação Desenho de Serviço inclui os seguintes processos: Coordenação de Desenho, Gerenciamento de Catálogo de Serviço, Gerenciamento de Nível de Serviço, Gerenciamento de Disponibilidade, Gerenciamento de Capacidade, Gerenciamento de Continuidade de Serviço de TI, Gerenciamento de Segurança da Informação e Gerenciamento:

Capítulo 6   Simulado 4   •   **115**

A) de Fornecedor.
B) da Demanda.
C) de Conhecimento.
D) de Mudança.

11) A informação passada para a Transição de Serviço para permitir a implementação de um novo serviço normalmente está em um:

A) Contrato de Apoio.
B) Termo de Referência.
C) Pacote de Desenho de Serviço.
D) Modelo de Simulação.

12) O processo responsável pela coordenação de todas as atividades de Desenho de Serviço, seus processos e recursos, é o processo de:

A) Coordenação de Desenho.
B) Gerenciamento de Catálogo de Serviço.
C) Gerenciamento de Nível de Serviço.
D) Gerenciamento de Relacionamento de Negócio.

13) Existem dois tipos de Catálogo de Serviço:

A) Catálogo de Serviços Operacional e Catálogo de Serviços Estratégico.
B) Catálogo de Serviços Primário e Catálogo de Serviços Secundário.
C) Catálogo de Serviços de Controle e Catálogo de Serviços de Operação.
D) Catálogo de Serviços de Negócio e Catálogo de Serviços Técnicos.

14) Quando da negociação dos Acordos de Nível de Serviço, poderiam ser considerados pelo Gerenciamento de Nível de Serviço os dados:

A) apenas dos processos de Gerenciamento de Demanda e Gerenciamento de Capacidade.
B) somente dos processos de Gerenciamento de Incidente e Gerenciamento de Problema.
C) de todos os processos da ITIL®.

116 • ITIL Foundation

D) somente dos processos de Gerenciamento de Portfólio de Serviço e Gerenciamento de Catálogo de Serviço.

15) Um Acordo de Nível de Serviço é:

A) Um acordo entre um provedor de serviço e um fornecedor da mesma organização.
B) Uma parte de um contrato que estabelece as responsabilidades das partes envolvidas.
C) Um acordo entre o provedor de serviço e seus clientes.
D) Um acordo entre um provedor de serviço e um fornecedor externo.

16) Considere as definições dos termos a seguir:

I. Disponibilidade - Habilidade de um serviço de TI ou outro Item de Configuração de desempenhar a sua função acordada quando requerido.
II. Confiabilidade - Uma medida do tempo em que um serviço de TI ou outro Item de Configuração pode executar a sua função acordada sem interrupção.
III. Sustentabilidade – Uma medida de quão rápida e efetivamente um Item de Configuração ou serviço de TI pode ser recuperado para o trabalho normal após uma falha.
IV. Funcionalidade do serviço - A habilidade que um terceiro tem de atender os termos do seu contrato. Esse contrato incluirá níveis acordados de confiabilidade, sustentabilidade e disponibilidade para um Item de Configuração.

São princípios direcionadores que apoiam o Gerenciamento da Disponibilidade o que consta nos itens:

A) I, II, III e IV.
B) I e IV, apenas.
C) II, III e IV, apenas.
D) II e III, apenas.

Capítulo 6   Simulado 4   •   **117**

17) Considere:

I.   Garantir que exista capacidade dos recursos de TI para atender os objetivos de Nível de Serviço.
II.   Garantir que o uso da capacidade existente seja otimizado.
III. Prever requisitos de capacidade futuros, baseado nos planos de Negócio, tendências de uso, dimensionamento de novos serviços etc.
IV.   Produzir, reavaliar e revisar regularmente o Plano de Capacidade.

São atribuições do Gerente de Capacidade o que se afirma em:

A) I, II, III e IV.
B) III e IV, apenas.
C) II e III, apenas.
D) I e II, apenas.

18) Considere os termos a seguir, relacionados ao processo de Gerenciamento de Continuidade de Serviço de TI:

I.   Análise de risco é a análise de um evento possível que poderá causar prejuízo ou perda, ou afetar a habilidade de se alcançar os objetivos.
II.   Vulnerabilidade é uma fraqueza que pode ser explorada por uma ameaça.
III. Risco é um evento possível que pode causar perdas ou danos, ou afetar a habilidade de atingir objetivos.
IV.   Ameaça é qualquer coisa que pode explorar uma vulnerabilidade ou qualquer causa potencial de um incidente.

Estão corretos os termos e respectivas descrições que constam nos itens:

A) I, II, III e IV.
B) I e IV, apenas.
C) II e III, apenas.
D) IV, apenas.

118 • ITIL Foundation

19) É de responsabilidade do processo de Gerenciamento de Fornecedor:

A) O desenvolvimento, a negociação e o acordo de contratos.
B) Comunicar e publicar as políticas de segurança da informação para todas as partes apropriadas.
C) Garantir que exista capacidade dos recursos de TI para atender os objetivos de Nível de Serviço.
D) Conferir, medir e melhorar a satisfação do cliente.

20) A Base de Dados de Fornecedor e Contrato contém atributos-chave de todos os contratos com os fornecedores e deve ser parte do:

A) Sistema de Gerenciamento de Conhecimento de Serviço.
B) Central de Informação e de Base de Dados.
C) Sistema de Informação de Gerenciamento de Dados.
D) Sistema de Informação de Gerenciamento de Serviços.

21) O processo responsável pelo planejamento de todos os processos de transição de serviços e coordenação dos recursos que eles requerem é o processo de:

A) Gerenciamento de Configuração e de Ativo de Serviço.
B) Planejamento e Suporte da Transição.
C) Gerenciamento de Liberação e Implantação.
D) Gerenciamento de Conhecimento.

22) Uma mudança pré-aprovada pelo processo de Gerenciamento de Mudança que possui procedimentos preestabelecidos já aceitos é conhecida como:

A) Mudança Normal.
B) Mudança Emergencial.
C) Mudança Padrão.
D) Mudança Tática.
23) Os 7 R's do processo de Gerenciamento de Mudança são:

A) recomendações de procedimentos para implementar as mudanças.
B) indicadores de desempenho para o processo de Gerenciamento de Mudanças.
C) recomendações de ações para uma revisão efetiva das mudanças.
D) questões que devem ser respondidas para todas as mudanças.

24) O processo responsável por fazer o levantamento dos componentes de TI e identificar o relacionamento entre esses componentes é o processo de:

A) Gerenciamento de Capacidade.
B) Gerenciamento de Nível de Serviço.
C) Gerenciamento de Configuração e de Ativos de Serviço.
D) Gerenciamento de Portfólio de Serviço.

25) Considere:

I.   Licenças e documentação de software.
II. Versões definitivas e autorizadas de Itens de Configuração de software.
III. Sobressalentes de hardware.

Uma Biblioteca de Mídia Definitiva pode conter o que apresenta os itens:

A) I, II e III.
B) I e II, apenas.
C) I, apenas.
D) II, apenas.

26) A abordagem para colocar um serviço de TI em produção, onde serviços novos ou modificados podem ser colocados em produção de uma só vez é conhecida como:

A) *big bang*.
B) *push and pull*.
C) liberação por fases.
D) automatizada.

27) O processo responsável pela validação e teste de um serviço de TI novo

120 • ITIL Foundation

ou modificado, que garante que o serviço de TI cumpre com sua especificação de desenho e que atenderá às necessidades do Negócio é o processo de:

A) Gerenciamento de Problema.
B) Gerenciamento de Incidente.
C) Validação e Teste de Serviço.
D) Gerenciamento de Liberação e Implantação.

28) O Sistema de Gerenciamento de Conhecimento de Serviço inclui:

A) apenas o Sistema de Gerenciamento de Configuração.
B) o Sistema de Gerenciamento de Configuração, além de outros bancos de dados e Sistemas de Informação.
C) apenas o Sistema de Informação do Gerenciamento de Disponibilidade.
D) apenas o Sistema de Informação do Gerenciamento de Segurança.

29) NÃO é uma Função que está incluída na publicação Operação de Serviço:

A) Central de Serviço.
B) Gerenciamento Técnico.
C) Gerenciamento de Operações de TI.
D) Gerenciamento de Requisições.

30) Considere os exemplos de evento abaixo:

I.   *Login* de um usuário no sistema.
II. Consumo de recursos além do esperado.
III. Consumo de memória 10% acima do esperado por um curto espaço de tempo.

Os exemplos apresentados em I, II e III representam eventos, respectivamente, das categorias:
A) aviso, exceção, informacional.
B) exceção, aviso, informacional.
C) informacional, exceção e aviso.

D) informacional, aviso e exceção.

31) Para definir a prioridade de um incidente deve-se considerar principalmente:

A) a data da ocorrência e o impacto.
B) o impacto e a urgência.
C) a fonte e a data da ocorrência.
D) o impacto e o efeito.

32) Com relação aos incidentes, considere:

I. Procedimentos específicos e separados, com prazo de execução menor e maior urgência.
II. Uma definição do que constitui um incidente grave acordada e mapeada no mecanismo de priorização de incidente.
III. Uma solução predefinida e pré-aprovada pelo Gerenciamento de Mudanças.

Incidentes graves requerem o que se afirma APENAS em:

A) I.
B) II e III.
C) I e II.
D) III.

33) É mais provável de ser gerenciado como uma Requisição de Serviço usando o processo de Cumprimento de Requisição:

A) Uma mudança de funcionalidade é requisitada para um aplicativo após uma revisão de serviço.
B) Um usuário liga para a Central de Serviços para solicitar um cartucho de tinta para a impressora.
C) Um gerente solicita uma mudança em um perfil de segurança global.
D) Usuários solicitam teste de um elemento do Plano de Continuidade de Negócio.

122 • ITIL Foundation

34) O Gerenciamento de Problema trabalha com o Gerenciamento de Mudança:

A) negociando com o gerenciamento de incidentes as correções de TI para a resolução de incidentes.
B) trabalhando junto aos usuários para corrigir suas configurações de TI.
C) instalando as alterações para corrigir os problemas.
D) publicando as Requisições de Mudança para soluções permanentes.

35) Considere as responsabilidades a seguir:

I. Inclusão de todos os erros conhecidos no Banco de Dados de Erros Conhecidos.
II. Contato constante com os grupos de resolução de problemas, para garantir rápida resolução.
III. Priorizar os incidentes com base na urgência e no impacto que podem ter.
IV. Arranjar, executar e documentar todas as atividades relacionadas às revisões de problemas graves.

São responsabilidades do Gerente de Problema o que se afirma APENAS em:

A) I e II.
B) III e IV
C) I, II e IV.
D) II, III e IV.

36) NÃO é um papel que existe na Central de Serviço:

A) Gerente da Central de Serviço.
B) Supervisor da Central de Serviço.
C) Analista da Central de Serviço.
D) Gerente de Integração.

37) Considere as responsabilidades a seguir:

I. Equipamentos em um centro de dados ou sala de computadores.
II. Equipamentos de energia e resfriamento.
III. Locais de recuperação de desastre.

A subfunção Gerenciamento de Instalações da Função Gerenciamento de Operações de TI é responsável pelo que consta em:

A) I, II e III.
B) II e III, apenas.
C) III, apenas.
D) I, apenas.

38) A primeira coisa que a Melhoria Contínua do Serviço deve fazer é:

A) criar um plano de melhoria baseado no uso do ciclo PDCA.
B) entender a visão e os objetivos do Negócio.
C) fazer negociações e acordos sobre as prioridades de melhorias.
D) executar uma avaliação das linhas de base para entender os Indicadores de Desempenho.

39) O maior valor para os Negócios de TI, proveniente da aplicação continuada das práticas de Melhoria Contínua de Serviço está:

A) no controle de processos e na aproximação da equipe de TI com o cliente, garantindo a obtenção de requisitos, técnicas comprovadas de qualidade.
B) no estabelecimento de um círculo contínuo de monitoramento e *feedback*, encontrando oportunidades de melhoria dentro de todas as fases do ciclo de vida do serviço.
C) na garantia de que todos os processos terão qualidade comprovada e que todos os erros no desenho e produção dos serviços serão eliminados.
D) no controle dos processos e atividades e na aplicação de métodos e práticas amplamente aceitas no mercado que garantem a qualidade do serviço.

124 • ITIL Foundation

40) Consiste na diferença entre métricas de serviço e métricas tecnológicas:

A) Métricas de serviço medem o serviço de ponta a ponta e métricas tecnológicas medem os componentes individualmente.
B) Métricas de Serviço medem cada um dos processos de gerenciamento de serviço e Métricas Tecnológicas medem a infraestrutura.
C) Métricas de Serviço medem a maturidade do processo e Métricas Tecnológicas medem eficiência e eficácia.
D) Métricas de Serviço incluem fatores críticos de sucesso e Métricas Tecnológicas incluem disponibilidade e capacidade.

Gabarito do simulado 4

1	2	3	4	5	6	7	8	9	10
D	B	C	B	A	C	A	C	B	A
11	12	13	14	15	16	17	18	19	20
C	A	D	C	C	A	A	A	A	A
21	22	23	24	25	26	27	28	29	30
B	C	D	C	B	A	C	B	D	C
31	32	33	34	35	36	37	38	39	40
B	C	B	D	C	D	A	B	B	A

Correção do simulado 4

Questão 1: Histórico da ITIL® – Objetivo da atualização em 2011.

Alternativa correta: D

A) Incorreta: A publicação Operação de Serviço já incluía a função Central de Serviços antes da atualização da ITIL® v3 em 2011.
B) Incorreta: Não foram adicionados novos processos em todas as cinco publicações, porém, foram acrescentados novos processos em algumas publicações, principalmente na publicação Estratégia de Serviços.

C) Incorreta: O processo Validação e Teste de Serviço já existia na publicação Transição de Serviço antes da atualização da ITIL® v3 em 2011.

D) **Correta:** A atualização da ITIL® v3 ocorrida em 2011 visa:

- corrigir alguns erros e inconsistências identificadas no texto, nas figuras e nos relacionamentos entre as cinco publicações.
- revisar a publicação de Estratégia de Serviço para tornar a explicação de alguns conceitos mais clara, concisa e acessível.
- incorporar sugestões de melhoria e soluções de problemas apresentadas pela comunidade, analisadas e recomendadas pelo Comitê Consultivo de Mudança, no sentido de aumentar a clareza, a consistência, a precisão e a completude.

Questão 2: Conceitos e definições da ITIL® – Recursos e habilidades.

Alternativa correta: B

A) Incorreta: Uma organização utiliza recursos e habilidades para criar valor não no suporte, mas na entrega de serviços de TI.

B) **Correta:** Uma organização utiliza recursos e habilidades para criar valor na entrega de serviços.

C) Incorreta: No contexto da ITIL® v3, uma organização utiliza recursos e habilidades para criar valor na forma de serviços, não de bens.

D) Incorreta: Uma organização utiliza recursos e habilidades para criar valor na forma de serviços, não de saída para o gerenciamento da produção.

Questão 3: Conceitos e definições da ITIL® – Serviço, cliente e usuário.

Alternativa correta: C

A) Incorreta: Processo é a maneira pela qual se realiza uma operação, segundo determinadas normas. Um processo pode ajudar a entregar valor para os clientes, mas esse valor é entregue na forma de serviços. Parceiro é um colaborador (*stakeholder*), uma parte interessada de alguma forma em um serviço de TI, porém, um parceiro não é, na maioria das vezes, quem compra serviços de TI, mas sim quem colabora de alguma forma. Apesar de um cliente poder ser considerado um parceiro, nem todo parceiro é um cliente.

126 • ITIL Foundation

B) Incorreta: Recurso é um termo genérico que inclui infraestrutura de TI, pessoas, dinheiro ou outras coisas que ajudam a entregar um serviço. O Item I descreve serviço e não recurso. Um parceiro é uma parte interessada na organização ou em um serviço, mas isso não significa que é alguém que usa o serviço no dia a dia. Quem usa o serviço no dia a dia é o usuário do serviço.

C) **Correta:** Essa alternativa está correta, pois o Item I descreve serviço, o item II descreve cliente e o item III descreve usuário.

D) Incorreta: Habilidade é uma competência necessária para produzir e/ou entregar um serviço. O Item I não descreve habilidade, mas sim serviço. Não se pode afirmar que parceiro é quem compra os serviços de TI e nem que o proprietário utiliza os serviços de TI no dia a dia. O proprietário é o dono do serviço, mas nem sempre o utilizará no dia a dia. Quem utiliza o serviço é o usuário.

Questão 4: Conceitos e definições da ITIL® – Dono de serviço.

Alternativa correta: B

Atualizar o Banco de Dados de Gerenciamento de Configuração após uma mudança é responsabilidade do Gerente de Mudanças, já que os Itens de Configuração estão sob o controle do Processo de Gerenciamento de Mudança. Essa não é uma responsabilidade do Dono do Serviço. Dono de Serviço é um papel responsável por gerenciar um ou mais serviços através de todo o seu ciclo de vida. Os Donos de Serviço são fundamentais para o desenvolvimento da Estratégia de Serviço e são responsáveis pelo conteúdo do Portfólio de Serviço.

Questão 5: Conceitos e definições da ITIL® – Indicadores-chave de desempenho.

Alternativa correta: A

Todos os itens estão corretos.

Questão 6: Publicações da ITIL®

Alternativa correta: C

A) Incorreta: Apesar da ITIL® descrever em suas publicações as melhores práticas no gerenciamento de serviços, Gerenciamento de Serviços não é uma publicação da ITIL®. Automação de Serviços não é uma publicação da ITIL®, mas sim um termo que descreve formas de melhorar a utilizada e garantia dos serviços. Garantia da Qualidade de Serviço não é uma publicação nem um processo da ITIL®.

B) Incorreta: Gerenciamento Estratégico não é uma publicação da ITIL®. Há um processo na publicação Estratégia de Serviço chamado Gerenciamento Estratégico de Serviços de TI, mas esse é apenas um processo. Projeto de Serviço não é uma publicação da ITIL®, nem mesmo um processo. O Projeto de um Serviço é descrito basicamente na publicação Desenho de Serviço. Manutenção do Nível de Serviço não é uma publicação da ITIL®, porém, há um processo na publicação Desenho de Serviço chamado Gerenciamento de Nível de Serviço que objetiva garantir que o nível de serviço acordado seja fornecido para todos os serviços de TI em operação. Não há publicação chamada Liberação de Serviço. Há um processo na publicação Transição de Serviço chamado Gerenciamento da Liberação e Implantação que gerencia a liberação de serviços novos ou modificados para o ambiente de produção.

C) **Correta:** Os livros que fazem parte do núcleo da ITIL® são Estratégia de Serviço, Desenho de Serviço, Transição de Serviço, Operação de Serviço e Melhoria Contínua de Serviço.

D) Incorreta: Gerenciamento de Portfólio de Serviço não é uma publicação da ITIL®, mas sim um dos processos da publicação Estratégia de Serviço. Garantia da Qualidade de Serviço não é uma publicação da ITIL®, porém, a publicação Melhoria Contínua de Serviço descreve métodos de gerenciamento de qualidade aplicáveis para suportar as atividades de melhoria contínua dos serviços.

128 • ITIL Foundation

Questão 7: Publicação Estratégia de Serviço – Processo de Gerenciamento de Demanda.

Alternativa correta: A

O objetivo do processo de Gerenciamento de Demanda é suportar o Padrão de Atividade de Negócio (PAN) e influenciar a demanda do cliente por serviços e provisão de capacidade para atender essas demandas. Logo, a demanda por produtos de TI é motivada pelo Padrão de Atividade de Negócio (PAN).

Questão 8: Publicação Estratégia de Serviço – Catálogo de Serviços.

Alternativa correta: C

A) Incorreta: Portfólio de Projeto é um banco de dados ou documento estruturado usado para gerenciar projetos durante todo o seu ciclo de vida.
B) Incorreta: Pacote de Serviços são dois ou mais serviços que foram combinados para oferecer uma solução a um tipo específico de necessidade do cliente ou para apoiar resultados de Negócio específicos.
C) **Correta:** O Catálogo de Serviço é um banco de dados ou documento estruturado com informações sobre todos os serviços de TI de produção, incluindo aqueles disponíveis para implantação. É parte do Portfólio de Serviço e contém informações sobre dois tipos de serviço de TI: serviços voltados ao cliente que são visíveis para o Negócio e serviços de suporte requeridos pelo provedor de serviço para entregar serviços voltados ao cliente.
D) Incorreta: Funil de Serviço é um banco de dados ou documento estruturado listando todos os serviços de TI que estejam sob consideração ou desenvolvimento, mas que ainda não estão disponíveis aos clientes.

Questão 9: Publicação Estratégia de Serviço – Processo de Gerenciamento de Demanda – Padrão de Atividade de Negócio.

Alternativa correta: B

A) Incorreta: O processo de Gerenciamento Financeiro para Serviços de TI tem como objetivo garantir um nível adequado de fundos para o desenho, desenvolvimento e entrega de serviços que atendam de forma eficaz a estratégia da organização no que diz respeito a custos.

B) **Correta:** O processo de Gerenciamento de Demanda tem como objetivo suportar o Padrão de Atividade de Negócio (PAN), influenciar a demanda do cliente por serviços e prover capacidade para atender essas demandas.

C) Incorreta: O processo de Gerenciamento do Relacionamento de Negócio tem como objetivo manter um relacionamento positivo com o cliente, antecipando suas necessidades.

D) Incorreta: O processo de Gerenciamento de Fornecedor tem como objetivo cuidar do desenvolvimento, da negociação e dos acordos de contrato entre o cliente e o fornecedor de serviços de TI. Objetiva também gerenciar os serviços entregues pelos fornecedores e proporcionar qualidade de serviço de ponta a ponta.

Questão 10: Publicação Desenho de Serviço – Processo de Gerenciamento de Fornecedor.

Alternativa correta: A

A) **Correta:** O Desenho de Serviço inclui os seguintes processos: Coordenação de Desenho, Gerenciamento de Catálogo de Serviço, Gerenciamento de Nível de Serviço, Gerenciamento de Disponibilidade, Gerenciamento de Capacidade, Gerenciamento de Continuidade de Serviço de TI, Gerenciamento de Segurança da Informação e Gerenciamento de Fornecedor.

B) Incorreta: Gerenciamento de Demanda faz parte da publicação Estratégia de Serviço.

C) Incorreta: Gerenciamento do Conhecimento faz parte da publicação Transição de Serviço.

D) Incorreta: Gerenciamento de Mudanças faz parte da publicação Transição de Serviço.

Questão 11: Publicação Desenho de Serviço - Pacote de Desenho de Serviço.

Alternativa correta: C

130 • ITIL Foundation

A) Incorreta: Contrato de Apoio é um contrato entre um provedor de serviço de TI e um terceiro. O terceiro fornece produtos ou serviços que são necessários para a execução de um serviço de TI a um cliente.

B) Incorreta: Termo de Referência é um documento especificando os requisitos, escopo, entregáveis, recursos e cronograma para um projeto ou atividade.

C) **Correta:** A informação passada para a Transição de Serviço para permitir a implementação de um novo serviço normalmente está em um Pacote de Desenho de Serviço.

D) Incorreta: Modelo de Simulação é um modelo detalhado para prever o comportamento de um serviço de TI ou de outro Item de Configuração.

Questão 12: Publicação Desenho de Serviço – Processo de Coordenação de Desenho.

Alternativa correta: A

A) **Correta:** O processo responsável pela coordenação de todas as atividades de Desenho de Serviço, seus processos e recursos é o processo de Coordenação de Desenho.

B) Incorreta: Gerenciamento de Catálogo de Serviço é um processo da publicação Desenho de Serviço que é responsável por fornecer e manter o Catálogo de Serviço e por garantir que esteja disponível àqueles autorizados a acessá-lo.

C) Incorreta: Gerenciamento de Nível de Serviço é o processo da publicação Desenho de Serviço que é responsável pela negociação de Acordos de Nível de Serviço atingíveis e por garantir que todos eles sejam alcançados.

D) Incorreta: Gerenciamento de Relacionamento de Negócio é um processo da publicação Estratégia de Serviço responsável pela manutenção de um relacionamento positivo com os clientes.

Questão 13: Publicação Desenho de Serviço – Processo de Gerenciamento de Catálogo de Serviço – Tipos de Catálogos de Serviço.

Alternativa correta: D

Capítulo 6   Simulado 4   •   **131**

A) Incorreta: Não há referência na ITIL® v3 a Catálogo de Serviço Operacional e Catálogo de Serviços Estratégico.
B) Incorreta: Não há referência na ITIL® v3 a Catálogo de Serviço Primário e Catálogo de Serviços Secundário.
C) Incorreta: Não há referência na ITIL® v3 a Catálogo de Serviço de Controle e Catálogo de Serviço de Operação.
D) **Correta:** Existem dois tipos de Catálogo de Serviço: Catálogo de Serviços de Negócio e Catálogo de Serviços Técnicos.

Questão 14: Publicação Desenho de Serviço – Processo de Gerenciamento de Nível de Serviço - Acordos de Nível de Serviço.

Alternativa correta: C

Um Acordo de Nível de Serviço é um acordo entre um provedor de serviço de TI e um cliente, que descreve o serviço de TI, documenta metas de Nível de Serviço e especifica as responsabilidades do provedor de serviço de TI e do cliente. Para firmar esse tipo de acordo o Gerenciamento de Nível de Serviço pode considerar os dados de todos os processos da ITIL®.

Questão 15: Publicação Desenho de Serviço – Conceitos do Gerenciamento de Nível de Serviço – Acordo de Nível de Serviço.

Alternativa correta: C

Um Acordo de Nível de Serviço é um acordo entre um provedor de serviço de TI e um cliente. Descreve o serviço de TI, documenta metas de Nível de Serviço e especifica as responsabilidades do provedor de serviço de TI e do cliente.

Questão 16: Publicação Desenho de Serviço – Processo de Gerenciamento da Disponibilidade.

Alternativa correta: A

132 • ITIL Foundation

Disponibilidade, Confiabilidade, Sustentabilidade e Funcionalidade do serviço são princípios direcionadores que apoiam o Gerenciamento da Disponibilidade.

Questão 17: Publicação Desenho de Serviço – Processo de Gerenciamento de Capacidade - Gerente de Capacidade.

Alternativa correta: A

O Gerente de Capacidade tem, entre outras atribuições:
- Garantir que exista capacidade dos recursos de TI para atender os objetivos de Nível de Serviço.
- Garantir que o uso da capacidade existente seja otimizado.
- Prever requisitos de capacidade futuros, baseado nos planos de Negócio, tendências de uso, dimensionamento de novos serviços etc.
- Produzir, reavaliar, e revisar regularmente o Plano de Capacidade.
- Dimensionar todos os serviços e sistemas novos, possivelmente usando técnicas de modelagem, para determinar requisitos de capacidade.
- Analisar e comparar os dados de uso e desempenho em função dos objetivos contidos no Acordo de Nível de Serviço.

Questão 18: Publicação Desenho de Serviço – Processo de Gerenciamento de Continuidade de Serviço de TI – Termos e conceitos.

Alternativa correta: A

Todas as definições apresentadas nos itens estão corretas.

Questão 19: Publicação Desenho de Serviço – Processo de Gerenciamento de Fornecedor.

Alternativa correta: A

A) **Correta:** O desenvolvimento, a negociação e o acordo de contratos é responsabilidade do processo de Gerenciamento de Fornecedor.

Capítulo 6   Simulado 4   •   **133**

B) Incorreta: Comunicar e publicar as políticas de segurança da informação para todas as partes apropriadas é responsabilidade do processo de Gerenciamento de Segurança da Informação.

C) Incorreta: Garantir que exista capacidade dos recursos de TI para atender os objetivos de Nível de Serviço é responsabilidade do processo de Gerenciamento de Capacidade.

D) Incorreta: Conferir, medir e melhorar a satisfação do cliente é responsabilidade do processo de Gerenciamento de Nível de Serviço.

Questão 20: Publicação Desenho de Serviço – Processo de Gerenciamento de Fornecedor - Sistema de Gerenciamento de Conhecimento de Serviço.

Alternativa correta: A

A Base de Dados de Fornecedor e Contrato (*Suplier and Contract Database*) contém atributos-chave de todos os contratos com os fornecedores e devem ser parte do Sistema de Gerenciamento de Conhecimento de Serviço, que é um conjunto de ferramentas e bancos de dados que são usados para gerenciar conhecimento, informações e dados. O Sistema de Gerenciamento de Conhecimento de Serviço inclui o Sistema de Gerenciamento da Configuração, além de outros bancos de dados e sistemas de informação. Inclui ferramentas para coletar, armazenar, gerenciar, atualizar, analisar e apresentar todos os conhecimentos, informações e dados que um provedor de serviço de TI precisa para gerenciar o ciclo de vida completo dos serviços de TI.

Os termos que constam nas alternativas B, C e D não constam na ITIL® v3.

Questão 21: Publicação Transição de Serviço - Processo de Planejamento e Suporte da Transição.

Alternativa correta: B

A) Incorreta: Gerenciamento de Configuração e de Ativo de Serviço é o processo responsável por garantir que os ativos requeridos para entregar serviços sejam devidamente controlados e que informações precisas e confiáveis sobre esses ativos estejam disponíveis quando e onde forem necessárias.

134 • ITIL Foundation

B) **Correta:** Planejamento e Suporte da Transição é o processo responsável pelo planejamento de todos os processos de transição de serviços e coordenação dos recursos que eles requerem.

C) Incorreta: Gerenciamento de Liberação e Implantação é o processo responsável por planejar, programar e controlar a construção, o teste e a implantação de liberações, e por entregar novas funcionalidades exigidas pelo Negócio enquanto protege a integridade dos serviços existentes.

D) Incorreta: Gerenciamento de Conhecimento é o processo responsável por compartilhar perspectivas, ideias, experiência e informações, e por garantir que estejam disponíveis no lugar certo, no momento certo.

Questão 22: Publicação Transição de Serviço - Processo de Gerenciamento de Mudança – Mudança padrão.

Alternativa correta: C

A) Incorreta: Mudança Normal (*Normal Change*) é uma mudança complexa, que apresenta riscos desconhecidos e segue procedimentos ou instruções de trabalho não padronizados.

B) Incorreta: Mudança Emergencial (*Emergency Change*) é uma mudança que deve ser implementada o mais rápido possível.

C) **Correta:** Mudança Padrão (*Standard Change*) é uma mudança pré-aprovada pelo processo de Gerenciamento de Mudança que possui procedimentos preestabelecidos já aceitos. O custo já é previsto e aprovado e os riscos já foram avaliados.

D) Incorreta: Mudança Tática não é um termo definido na ITIL® v3.

Questão 23: Publicação Transição de Serviço – 7 R's.

Alternativa correta: D

Os 7 R's do processo de Gerenciamento de Mudança são questões que devem ser respondidas para todas as mudanças. Sem essas questões a avaliação do impacto das mudanças não poderá ser completada e o balanceamento entre riscos e benefícios da mudança não poderá ser compreendido. Se os 7 R's não forem considerados, a implementação da mudança pode entregar resultados indesejados ou resultar em uma mudança que não entrega os benefícios esperados ao Negócio. Os 7 R's são:

Quem **R**equisitou a mudança?
Qual é a **R**azão para a Mudança?
Qual é o **R**etorno requerido da mudança?
Quais são os **R**iscos envolvidos na Mudança?
Quais são os **R**ecursos necessários para a entrega da mudança?
Quem é o **R**esponsável pela construção, teste e implementação da mudança?
Qual é o **R**elacionamento entre esta mudança e outras?

Questão 24: Publicação Transição de Serviço – Processo de Gerenciamento de Configuração e de Ativo de Serviço.

Alternativa correta: C

A) Incorreta: O processo de Gerenciamento de Capacidade é responsável por garantir que a capacidade dos serviços de TI e a infraestrutura de TI sejam capazes de atender aos requisitos relacionados à capacidade e ao desempenho acordados de maneira oportuna e eficaz em custo.

B) Incorreta: O processo de Gerenciamento de Nível de Serviço é responsável pela negociação de acordos de nível de serviço atingíveis e por garantir que todos eles sejam alcançados.

C) **Correta:** O processo de Gerenciamento de Configuração e de Ativos de Serviço é responsável por controlar, registrar e relatar versões, atributos e relacionamentos relativos aos componentes da infraestrutura de TI.

D) Incorreta: O processo de Gerenciamento de Portfólio de Serviço, da publicação Estratégia de Serviço, visa garantir que os investimentos nos serviços de TI agreguem valor para o Negócio.

Questão 25: Publicação Transição de Serviço – Processo de Gerenciamento de Configuração e de Ativo de Serviço - Biblioteca de Mídia Definitiva.

Alternativa correta: B

136 • ITIL Foundation

Uma Biblioteca de Mídia Definitiva (*Definitive Media Library*) pode conter licenças e documentação de software e versões definitivas e autorizadas de Itens de Configuração de software. Sobressalentes de hardware são mantidos em uma área chamada de Sobressalentes Definitivos (*Definitive Spares*).

Questão 26: Publicação Transição de Serviço – Processo de Gerenciamento de Liberação e de Implantação – Abordagem de implantação Big Bang.

Alternativa correta: A

A) **Correta:** A abordagem para colocar um serviço de TI em produção, onde serviços novos ou modificados podem ser colocados em produção de uma só vez é conhecida como *big bang*.

B) Incorreta: *Push and pull* é uma abordagem utilizada quando um componente de serviço é empurrado no centro depois puxado para outras partes.

C) Incorreto: Liberação por fases é uma abordagem que libera o serviço em partes, por exemplo, por localidade, por funcionalidade ou por cliente.

D) Incorreto: Automatizada é uma abordagem utilizada para grandes quantidades de liberações repetitivas em locais distintos.

Questão 27: Publicação Transição de Serviço – Validação e Teste de Serviço.

Alternativa correta: C

A) Incorreta: O processo de Gerenciamento de Problema é o processo responsável por gerenciar o ciclo de vida de todos os problemas, prevenindo proativamente a ocorrência de incidentes e minimizando o impacto dos incidentes que não podem ser evitados.

B) Incorreta: O processo de Gerenciamento de Incidentes é o processo responsável por gerenciar o ciclo de vida de todos os incidentes, garantindo que a operação normal de um serviço seja restaurada tão rapidamente quando possível e que o impacto no Negócio seja minimizado.

Capítulo 6   Simulado 4   •   **137**

C) **Correta:** O processo responsável pela validação e teste de um serviço de TI novo ou modificado, que garante que o serviço de TI cumpre com sua especificação de desenho e que atenderá às necessidades do Negócio é o processo de Validação e Teste de Serviço.

D) Incorreta: Gerenciamento de Liberação e Implantação é o processo responsável por planejar, programar e controlar a construção, o teste e a implantação de liberações, e por entregar novas funcionalidades exigidas pelo Negócio enquanto protege a integridade dos serviços existentes.

Questão 28: Publicação Transição de Serviço – Processo de Gerenciamento de Conhecimento - Sistema de Gerenciamento de Conhecimento de Serviço.

Alternativa correta: B

O Sistema de Gerenciamento de Conhecimento de Serviço inclui o Sistema de Gerenciamento de Configuração, além de outros bancos de dados e Sistemas de Informação como: Sistema de Informação do Gerenciamento de Disponibilidade, Base de Dados de Fornecedor e Contrato, Sistema de Informação do Gerenciamento de Segurança e Sistema de Informação do Gerenciamento de Capacidade.

Questão 29: Publicação Operação de Serviço - Funções.

Alternativa correta: D

A publicação Operação de Serviço inclui as seguintes funções: Central de Serviço, Gerenciamento Técnico, Gerenciamento de Operações de TI e Gerenciamento de Aplicativo. Não existe nem processo nem Função com o nome de Gerenciamento de Requisições. Existe um processo chamado Cumprimento de Requisição, descrito na publicação Operação de Serviço.

Questão 30: Publicação Operação de Serviço – Processo de Gerenciamento de Evento – Categorias de evento.

138 • ITIL Foundation

Alternativa correta: C

Evento Informacional é um evento que significa uma operação regular. Por exemplo, *login* de um usuário no sistema.

Evento de Exceção é um evento que significa uma exceção. Por exemplo, o consumo de recursos além do esperado.

Evento de Aviso é um evento que significa uma operação não usual (alertas), porém, não são exceções. Por exemplo, o consumo de memória 10% acima do esperado por um curto espaço de tempo.

Questão 31: Publicação Operação de Serviço – Processo de Gerenciamento de Incidente - Impacto e urgência.

Alternativa correta: B

Para definir a prioridade de um incidente deve-se considerar o impacto e a urgência.

Impacto é a medida do efeito de um incidente, problema ou mudança nos Processos de Negócio.

Urgência é a medida de quão longo será o tempo até que um incidente, problema ou mudança tenham um impacto significativo no Negócio.

Questão 32: Publicação Operação de Serviço – Processo de Gerenciamento de Incidente.

Alternativa correta: C

Incidentes graves requerem procedimentos específicos e separados, com prazo de execução menor e maior urgência e uma definição do que constitui um incidente grave acordada e mapeada no mecanismo de priorização de incidente.

Não requerem uma solução pré-definida e pré-aprovada pelo Gerenciamento de Mudanças.

Capítulo 6 Simulado 4 • **139**

Questão 33: Publicação Operação de Serviço – Processo de Cumprimento de Requisição.

Alternativa correta: B

O processo de Cumprimento de Requisição é responsável pela entrega de componentes de serviço padrão requisitados, por prover um canal para usuários solicitar e receber os serviços padrão para os quais existe uma aprovação predefinida. A solicitação de um cartucho de tinta para a impressora, via Central de Serviço, representa um serviço padrão que normalmente já tem uma aprovação predefinida, logo, é provável de ser gerenciado como uma requisição de serviço usando o processo de Cumprimento de Requisição.

Questão 34: Publicação Operação de Serviço – Processo de Gerenciamento de Problema.

Alternativa correta: D

O Gerenciamento de Problema trabalha com o Gerenciamento de Mudança publicando as Requisições de Mudança para soluções permanentes.

Questão 35: Publicação Operação de Serviço – Processo de Gerenciamento de Problema - Gerente de Problemas.

Alternativa correta: C

As responsabilidades do Gerente de Problema envolvem:
- Contato constante com os grupos de resolução de problemas, para garantir rápida resolução.
- Propriedade e proteção do Banco de Dados de Erros Conhecidos.
- Inclusão de todos os erros conhecidos no Banco de Dados de Erros Conhecidos.
- Fechamento formal de todos os registros de problema.
- Contato com fornecedores e contratados, para garantir que os terceiros cumpram com suas obrigações contratuais, no que diz respeito à resolução de problemas.

140 • ITIL Foundation

- Arranjar, executar e documentar todas as atividades relacionadas às revisões de problemas graves.

Priorizar os incidentes com base na urgência e no impacto que podem ter é responsabilidade do Gerente de Incidente e não do Gerente de Problema.

Questão 36: Publicação Operação de Serviço – Função Central de Serviços - Papéis.

Alternativa correta: D

A Central de serviço pode possuir os Papéis de Gerente da Central de Serviço, Supervisor da Central de Serviço, Analista da Central de Serviço e Super Usuários. Porém, não possui o papel de Gerente de Integração.

Questão 37: Publicação Operação de Serviço – Função Gerenciamento de Operações de TI – Subfunção Gerenciamento de Instalações.

Alternativa correta: A

A subfunção Gerenciamento de Instalações da Função Gerenciamento de Operações de TI é responsável pelos equipamentos em um centro de dados ou sala de computadores, por equipamentos de energia e resfriamento e pelos locais de recuperação de desastre.

Questão 38: Publicação Melhoria Contínua de Serviço – Conceitos básicos.

Alternativa correta: B

A Melhoria Contínua de Serviço garante que os serviços estejam alinhados com as necessidades do Negócio por meio da identificação e da implementação de melhorias para os serviços de TI que suportam os Processos de Negócio. Logo, a primeira coisa que a Melhoria Contínua do Serviço deve fazer é entender a visão e os objetivos do Negócio.

Questão 39: Publicação Melhoria Contínua de Serviço – Valor para o Negócio.

Alternativa correta: B

O maior valor para os Negócios e TI, proveniente da aplicação continuada das práticas de Melhoria Contínua de Serviço está no estabelecimento de um círculo contínuo de monitoramento e *feedback*, encontrando oportunidades de melhoria dentro de todas as fases do ciclo de vida do serviço.

Questão 40: Publicação Melhoria Contínua de Serviço - Métricas de serviço e métricas tecnológicas.

Alternativa correta: A

Métricas de serviço medem o serviço de ponta a ponta e métricas tecnológicas medem os componentes individualmente.

Capítulo 7

Simulado 5

Descubra os indicadores-chave de desempenho dos processos

Agora que você já conhece as fases do ciclo de vida do serviço, os processos de cada fase, as atividades e papéis de cada processo, é importante identificar os Indicadores-Chave de Desempenho dos processos. Indicadores-Chave de Desempenho podem ser utilizados para julgar a eficiência e efetividade das atividades de um processo. Descobrir e listar esses indicadores ajuda a entender como a eficiência e a eficácia dos processos são medidas.

Dica: Baseado no objetivo do processo e em suas atividades, identifique um conjunto de Indicadores de Desempenho. Desses indicadores, marque aqueles considerados principais (chave). Em seguida, verifique se sua lista é condizente com o que apresenta as publicações da ITIL. Faça isso com cada processo que for conveniente.

Simulado

1) Dentre as extensões que a ITIL® v3 traz em relação à versão anterior NÃO estão:

A) núcleo composto por publicações que detalham um conjunto de processos.
B) abordagem de retorno sobre o investimento (ROI) para serviços.
C) estratégias de serviços para modelos de *sourcing* e de compartilhamento de serviços.
D) um sistema de Gerenciamento de conhecimento sobre os serviços e gerenciamento de requisições.

144 • ITIL Foundation

2) Como __I__ podem ser considerados itens como pessoas, informação, aplicações, infraestrutura e capital financeiro. __II__ são desenvolvidas ao longo do tempo e podem incluir gerenciamento, organização, processos e conhecimentos.

As lacunas I e II são preenchidas correta e respectivamente com:

A) bens e Habilidades.
B) utilidade e Capacitações.
C) utilidade e Garantias.
D) recursos e Habilidades.

3) É o responsável, para o cliente, pela iniciação, transição, manutenção e suporte de um determinado serviço. É também responsável por gerenciar um ou mais serviços através de todo seu ciclo de vida. São fundamentais para o desenvolvimento da Estratégia de Serviço e são responsáveis pelo conteúdo do Portfólio de Serviço.

O papel descrito é o de:
A. Dono de Serviço.
B. Dono de Processo.
C. Gerente de Processo.
D. Profissional de Processo.

4) Com relação aos serviços, considere:
I. Serviço prestado.
II. Força de trabalho.
III. Utilidade.
IV. Garantia.

Os dois principais elementos que criam valor para o cliente são:
A) I e IV, apenas.
B) II e III, apenas.
C) III e IV, apenas.
D) I e III, apenas.

Capítulo 7 Simulado 5 • **145**

5) As orientações complementares da ITIL®:

A) fornecem orientações para alinhar a segurança de TI com a segurança do Negócio e gerenciar a segurança da informação por todo o ciclo de vida do serviço.

B) fornecem informações complementares que ajudam a entender a relação entres os processos das publicações do núcleo da ITIL®.

C) oferecem orientações sobre como adaptar as melhores práticas de gerenciamento de serviços em ambientes de Negócio específicos.

D) fornecem processos complementares referentes às publicações que compõem o núcleo da ITIL®.

6) Considere as seguintes perguntas:

I.   Quais serviços devemos oferecer?

II. Para quem devemos oferecer esses serviços?

III. Como nos serviços se diferenciam das alternativas de serviço oferecidas pelos concorrentes?

IV. Como criamos valor real para nossos clientes?

As recomendações contidas na publicação Estratégia de Serviço ajudam a responder a(s) questão (questões):

A) I, II, III e IV.

B) I, III e IV, apenas.

C) II e III, apenas.

D) I, II e III, apenas.

7) A publicação Estratégia de Serviço:

A) fornece orientação para o desenho e o desenvolvimento dos serviços e dos processos de gerenciamento de serviços.

B) orienta sobre como efetivar a transição de serviços novos e/ou modificados para operações implementadas.

C) orienta sobre como as políticas e processos de gerenciamento de serviço podem ser desenhadas, desenvolvidas e implementadas como ativos estratégicos ao longo do ciclo de vida do serviço.

146 • ITIL Foundation

D) orienta através de princípios, práticas e métodos de gerenciamento da qualidade, sobre como fazer sistematicamente melhorias incrementais na qualidade do serviço.

8) O Portfólio de Serviços se desdobra em três componentes. Quando um serviço está na fase de definição e análise ele está no __I__. Quando o serviço for aprovado ele entra no __II__. Quando um serviço já não serve mais para o propósito para o qual foi criado ou há um serviço novo para substituí-lo, esse serviço é classificado como __III__ e retirado de produção.

As lacunas I, II e III são preenchidas correta e respectivamente por:

A) Funil de Serviço, Catálogo de Serviço e Serviço Obsoleto.
B) Catálogo de Serviço, Funil de Serviço e Serviço Obsoleto.
C) Controle de Qualidade, Catálogo de Serviço e Serviço Obsoleto.
D) Controle de Qualidade, Depósito de Serviço e Serviço Obsoleto.

9) O papel existente no processo de Gerenciamento de Portfólio de Serviço é o de:

A) Gerente de Portfólio de Serviço.
B) Gerente de Serviços.
C) Gerente de Produto.
D) Gerente de Catálogo de Serviços.

10) O Padrão de Atividade de Negócio (PAN) é usado para:

A) catalogar os serviços que estão prontos para serem colocados em produção e que servem como padrão ou modelo para a produção de novos serviços.
B) garantir que um serviço alcance os resultados esperados de uma maneira eficiente e consistente.
C) direcionar decisões e para garantir desenvolvimento e implementações adequados e consistentes de processos, normas, papéis, atividades e infraestrutura de TI.
D) ajudar o provedor de serviços de TI a entender e a planejar para os diferentes Níveis de Atividade de Negócio.

Capítulo 7 Simulado 5 • **147**

11) O __I__ define quais serviços deverão ser colocados em produção através dos componentes denominados __II__, que descrevem o que deve entrar em produção, mas não especifica como.

As lacunas I e II são preenchidas correta e, respectivamente, por:

A) Pacote de Desenho de Serviço e Pacotes de Serviço.
B) Funil de Serviço e Item de Configuração.
C) Gerente de Produto, Catálogo de Serviço.
D) Pacote de Liberação, Modelos de Serviço.

12) Com relação ao tipo de contratação, o modelo de fornecimento de serviços que envolve a terceirização não somente de um serviço, mas de uma cadeia de processos que pode entregar vários serviços aos cliente é conhecido como:

A) *Business Process Outsourcing.*
B) *Knowledge Process Outsourcing.*
C) *Insourcing.*
D) *Co-sourcing.*

13) O Catálogo de Serviço é parte do Portfólio de Serviço e contém informações sobre dois tipos de serviço de TI: __I__ que são visíveis para o Negócio e __II__ requeridos pelo provedor de serviço para entregar serviços voltados para o cliente.

As lacunas I e II são preenchidas correta e, respectivamente, por:
A) serviços voltados ao cliente e serviços de suporte.
B) serviços primários e serviços secundários.
C) serviços de suporte e serviços de negócio.
D) serviços de prioridade e serviços de capacidade.

14) É um tipo de Acordo de Nível de Serviço descrito na publicação Desenho de Serviço:

148 • ITIL Foundation

A) Baseado em Cliente.
B) Baseado em Prioridade.
C) Baseado em Tecnologia.
D) Baseado em Localidade.

15) Rever e revisar Acordos de Nível de Serviço, escopo de serviço dos Acordos de Nível Operacional, contratos e outros acordos de suporte são algumas das atividades do processo de:

A) Gerenciamento de Nível de Serviço.
B) Gerenciamento de Portfólio de Serviço.
C) Gerenciamento de Catálogo de Serviço.
D) Gerenciamento de Mudança.

16) Considere as atividades do processo de Gerenciamento de Disponibilidade:
I. Análise e gerenciamento de eventos.
II. Avaliação de risco.
III. Gerenciamento de incidentes e problemas relacionados à disponibilidade do serviço.
IV. Teste de mecanismos de resiliência (capacidade de recuperação).

São atividades consideradas proativas o que conta APENAS em:
A) I e III.
B) II e IV.
C) I e II.
D) III e IV.

17) O papel que é responsável por garantir que todos os serviços entreguem os níveis de disponibilidade acordados com o Negócio em Acordos de Nível de Serviço é o papel de:

A) Gerente de Serviço.
B) Gerente de Processo.
C) Gerente de Disponibilidade.
D) Gerente de Relacionamento de Negócio.

Capítulo 7 Simulado 5 • **149**

18) O repositório virtual contendo todos os dados do Gerenciamento de Capacidade, usualmente armazenados em múltiplas localizações físicas é conhecido como:

A) Sistema de Informação do Gerenciamento de Disponibilidade.
B) Biblioteca de Mídia Definitiva.
C) Sistema de Informação do Gerenciamento de Segurança.
D) Sistema de Informação do Gerenciamento de Capacidade.

19) A atividade no Gerenciamento de Continuidade de Negócio que identifica funções de Negócio vitais e as suas dependências e tem como propósito quantificar o impacto para o Negócio referente à perda de um serviço é a:

A) Análise de Impacto no Negócio.
B) Análise de Kepner e Tregoe.
C) Análise de Impacto de Falhas em Componentes.
D) Análise Cronológica.

20) NÃO é responsabilidade do Gerente de Segurança:

A) Desenvolver e manter as Políticas de Segurança da Informação e um conjunto de políticas específicas de suporte, assegurando a autorização, o compromisso e o endosso da alta gerência de TI.
B) Comunicar e publicar as Políticas de Segurança da Informação para todas as partes apropriadas.
C) Executar análise de risco e gerenciamento de risco juntamente com os processos de Gerenciamento da Disponibilidade e Gerenciamento de Continuidade de Serviço de TI.
D) Revisão e análise de risco de todos os fornecedores e contratos de uma forma regular.

21) A base de dados ou o documento estruturado que é utilizado para gerenciar os contratos dos fornecedores através do seu ciclo de vida é conhecida como:

150 • ITIL Foundation

A) Sistema de Informação do Gerenciamento de Disponibilidade.
B) Base de Dados de Fornecedor e Contrato.
C) Sistema de Informação do Gerenciamento de Segurança.
D) Sistema de Informação do Gerenciamento de Capacidade.

22) NÃO é uma meta ou objetivo da publicação Transição de Serviço:

A) Assegurar que um serviço pode ser gerenciado, operado e suportado.
B) Garantir que os serviços possam ser usados de acordo com os requisitos e limites especificados dentro dos requisitos de serviço.
C) Planejar e gerenciar os requisitos de capacidade e recursos para gerenciar uma liberação.
D) Entregar e gerenciar serviços de TI em níveis acordados para usuários e clientes do Negócio.

23) A adição, modificação ou remoção de serviço autorizado, planejado ou suportado ou componente do serviço e sua documentação associada é chamada de:

A) Controle de Serviço.
B) Manipulação de Serviço.
C) Acompanhamento de Serviço.
D) Mudança de Serviço.

24) O responsável por definir os Indicadores-Chave de Desempenho para o processo de Gerenciamento de Mudança é o:

A) processo de Gerenciamento de Nível de Serviço.
B) Dono do Processo de Gerenciamento de Mudança.
C) Gerente do Processo de Gerenciamento do Catálogo de Serviço.
D) Proprietário do Processo de Gerenciamento de Demanda.

25) O processo responsável por garantir que os ativos requeridos para entregar serviços sejam devidamente controlados e que informações precisas e confiáveis sobre esses ativos estejam disponíveis quando e onde forem necessárias é o processo de:

A) Gerenciamento de Capacidade.
B) Gerenciamento de Nível de Serviço.
C) Gerenciamento de Configuração e de Ativos de Serviço.
D) Gerenciamento de Continuidade de Serviço de TI.

26) As informações sobre cada Item de Configuração são registradas em um registro de configuração no __I__ e é mantido por todo o seu ciclo de vida pelo __I__.

As lacunas I e II são preenchidas correta e, respectivamente, por:

A) Sistema de Gerenciamento de Conhecimento de Serviço e Gerenciamento de Nível de Serviço.
B) Sistema de Gerenciamento da Configuração e Gerenciamento de Configuração e de Ativo de Serviço.
C) Sistema de Informação de Gerenciamento de Disponibilidade e Gerenciamento de Catálogo de Serviço.
D) Sistema de Informação de Gerenciamento de Fornecedor e Contrato e Gerenciamento de Demanda.

27) Considere as informações a seguir sobre a Biblioteca de Mídia Definitiva:

I. Pode incluir armazenamento físico.
II. Armazena sobressalentes de hardware definitivo.
III. Inclui cópias-mestre de documentação controlada.

Está correto o que se afirma em:

A) I, II e III.
B) I e III, apenas.
C) II, apenas.
D) I, apenas.

152 • ITIL Foundation

28) Considere os papéis a seguir:
I. Gerente de Ativo de Serviço.
II. Gerente de Configuração.
III. Gerente de Produto.

São Papéis existentes no processo de Gerenciamento de Configuração e de Ativos de Serviço o que consta em:

A) I, II e III.
B) I e II, apenas.
C) I e III, apenas.
D) III, apenas.

29) Para colocar um serviço de TI em produção (implantar) podem ser utilizadas as abordagens: manual, automática, puxar e empurrar, liberação por fases e:

A) siga o sol.
B) compartilhada.
C) *big bang*.
D) integrada.

30) O conjunto de ferramentas e bancos de dados que são usados para gerenciar conhecimento, informações e dados, inclui o Sistema de Gerenciamento de Configuração e outras bases de dados e sistemas de informação é conhecido como:

A) Sistema Centralizado de Bases de Dados.
B) Bases de Dados Integradas.
C) Sistema de Gerenciamento de Conhecimento de Serviço.
D) Centro de Processamento de Dados e Conhecimento.

31) A melhor definição de um evento é:

A) uma ocorrência onde um limite de desempenho foi excedido e o nível de serviço acordado foi afetado.

Capítulo 7 Simulado 5 • **153**

B) uma ocorrência que é significativa para o gerenciamento de infraestrutura de TI ou prestação de serviço.
C) um defeito de sistema conhecido que gera diversos relatos de incidentes.
D) uma requisição de mudança em um serviço padrão.

32) Modelos de Incidentes é uma forma pré-definida de lidar com um incidente. Eles NÃO definem:

A) os passos a serem executados.
B) as responsabilidades.
C) os tempos de execução.
D) uma solução definitiva.

33) É o processo responsável por gerenciar o ciclo de vida de todas as requisições de serviço. É responsável pela obtenção e entrega de componentes de serviço padrão requisitados.

O texto descreve o processo de:

A) Cumprimento de Requisição.
B) Gerenciamento de Fornecedor.
C) Gerenciamento de Nível de Serviço.
D) Gerenciamento de Capacidade.

34) É mais correto afirmar sobre o Banco de Dados de Erros Conhecidos que:

A) seu acesso deve ser limitado à Central de Serviços.
B) é o mesmo banco de dados do Sistema de Gerenciamento de Conhecimento.
C) não pode ter registros duplicados, por isso, todos os técnicos devem poder criar novos registros.
D) deve ser usado durante a fase de diagnóstico de incidente para acelerar o processo de resolução.

154 • ITIL Foundation

35) Considere as atividades a seguir:

I. Registra detalhes de incidentes e de requisições de serviços.
II. Fornece investigação e diagnóstico em primeiro nível.
III. Busca a causa-raiz dos problemas.
IV. Restaura o serviço.

São atividades normalmente executadas pela Função Central de Serviços o que se afirma APENAS em:

A) II e III.
B) I e II.
C) IV.
D) I, II e IV.

36) Considere os indicadores a seguir:
I. Aumento da satisfação dos clientes e usuários.
II. Incidentes resolvidos durante o primeiro contato.
III. Tempo médio de resolução no *Service Desk*.
IV. Número de causas-raiz de problemas encontrados.

Podem ser considerados Indicadores-Chave de Desempenho da Função Central de Serviço o que consta APENAS em:

A) I e IV.
B) II e III.
C) I, II e III.
D) II, III e IV.

37) A Função Gerenciamento de Operações de TI possui as subfunções Controle de Operações de TI e:

A) Gerenciamento de Aplicativo.
B) Gerenciamento de Instalações.
C) Gerenciamento de Licenças.
D) Gerenciamento de Software.

38) Considere as metas e objetivos a seguir:

I. Rever, analisar e fazer recomendações sobre oportunidades de melhoria em todo o ciclo de vida do serviço.
II. Rever e analisar os resultados de Acordos de Nível de Serviço.
III. Identificar e implementar atividades individuais para a melhoria da qualidade de serviços de TI.

São objetivos da fase de Melhoria Contínua de Serviço o que se afirma em:

A) I, II e III.
B) I, apenas.
C) II, apenas.
D) I e III, apenas.

39) O ciclo de quatro etapas para o gerenciamento de processos, desenvolvido por Edward Deming, que é particularmente aplicável ao processo de Melhoria de Sete Etapas é conhecido como:

A) GTQ.
B) PDCA.
C) SGCS.
D) GCAS.

40) Monitoração e medição devem ser utilizados quando tentamos melhorar os serviços para:

A) validar, medir, monitorar e mudar.
B) validar, planejar, agir e melhorar.
C) validar, direcionar, justificar e intervir.
D) validar, disponibilizar, adquirir e treinar.

156 • ITIL Foundation

Gabarito do simulado 5

1	2	3	4	5	6	7	8	9	10
A	D	A	C	C	A	C	A	C	D
11	12	13	14	15	16	17	18	19	20
A	A	A	A	A	B	C	D	A	D
21	22	23	24	25	26	27	28	29	30
B	D	D	B	C	B	B	B	C	C
31	32	33	34	35	36	37	38	39	40
B	D	A	D	D	C	B	A	B	C

Correção do simulado 5

Questão 1: Histórico da ITIL® – novidades da ITIL® v3 em relação à v2.

Alternativa correta: A

Ter o núcleo da ITIL® composto por publicações que detalham um conjunto de processos não é novidade na ITIL® v3. Porém, a ITIL® v3 traz como inovação, uma abordagem de retorno sobre o investimento (ROI) para serviços, estratégias de serviços para modelos de *sourcing* e de compartilhamento de serviços e um sistema de Gerenciamento de Conhecimento sobre os serviços e Gerenciamento de Requisições.

Questão 2: Conceitos e definições da ITIL® – Recursos e habilidades.

Alternativa correta: D

Recursos e capacitações são considerados ***ativos de serviço*** de uma organização e constituem a base para a criação de valor para o serviço. Como ***recursos*** (*resources*) podem ser considerados itens como pessoas, informação, aplicações, infraestrutura, e capital financeiro. ***Capacitações*** (ou habilidades - *capabilities*) são desenvolvidas ao longo do tempo e podem incluir gerenciamento, organização, processos e conhecimentos.

Capítulo 7   Simulado 5   •   **157**

Questão 3: Conceitos e definições da ITIL® – Dono de serviço.

Alternativa correta: A

A) **Correta:** O Dono de Serviço é o responsável, para o cliente, pela iniciação, transição, manutenção e suporte de um determinado serviço. Dentre suas responsabilidades estão: atuar no contato com o cliente para assuntos relacionados ao serviço; participar da negociação de Acordos de Nível de Serviço, trabalhar com o Gerente de Melhoria Continuada de serviço para identificar e priorizar a melhoria do serviço.

B) Incorreta: Dono do Processo é a pessoa responsável por garantir que um processo esteja adequado para um propósito. Dentre suas responsabilidades estão o patrocínio, desenho e gerenciamento de mudança etc.

C) Incorreta: Gerente de Processo é responsável pelo gerenciamento operacional de um processo. Suas responsabilidades incluem o planejamento e coordenação de todas as atividades necessárias para executar, monitorar e relatar informações do processo. O papel de Gerente de Processo é normalmente atribuído à mesma pessoa que possui o papel de Dono do Processo.

D) Incorreta: Profissional de Processo é o profissional responsável por atividades definidas pelo Gerente de Processo.

Questão 4: Conceitos e definições da ITIL® - Serviço.

Alternativa correta: C

A) Incorreta: Não há garantia que o serviço prestado cria valor para o cliente. Há serviços que são prestados e que além de não gerar valor, ainda gera prejuízo financeiro.

B) Incorreta: Não há garantia de que o corpo de funcionários que gera a força de trabalho cria valor para o cliente. Funcionário mal treinado, mal preparado, desconte etc. pode, inclusive, gerar prejuízo.

C) **Correta:** Serviços criam valor para o cliente e esse valor é percebido em termos da utilidade (o que é entregue) e garantia (como é entregue) do serviço.

D) Incorreta: Não há garantia que o serviço prestado cria valor para o cliente.

158 • ITIL Foundation

Questão 5: Estrutura da ITIL® - Orientações complementares da ITIL®

Alternativa correta: C

A) Incorreta: Quem fornece orientações para alinhar a segurança de TI com a segurança do Negócio é o processo de Gerenciamento da Segurança da Informação, da publicação Desenho de Serviço, e não os guias de orientações complementares da ITIL®.

B) Incorreta: Os guias de orientações complementares da ITIL® fornecem informações complementares para ambientes de Negócios específicos e não para ajudar a entender a relação entres os processos das publicações do núcleo da ITIL®. O foco dessas publicações está fora do escopo do núcleo da ITIL®.

C) **Correta:** Além das publicações do núcleo da ITIL® existem os guias complementares que são um conjunto de publicações com orientações específicas para setores da indústria, tipos de organização, modelos operacionais e arquiteturas de tecnologia. São divididos em publicações complementares como publicações, artigos etc.

D) Incorreta: Os guias de orientações complementares da ITIL® estão fora do escopo das publicações do núcleo da ITIL®, logo, não fornecem processos complementares para as publicações que compõem o núcleo da ITIL®.

Questão 6: Publicação Estratégia de Serviço - Questões.

Alternativa correta: A

Todos os itens estão corretos. Todas as perguntas estão relacionadas com aspectos estratégicos dos serviços.

Questão 7: Publicação Estratégia de Serviço - Objetivo.

Alternativa correta: C

A) Incorreta: Esta alternativa descreve a publicação Desenho de Serviço, não Estratégia de Serviço.

B) Incorreta: Esta alternativa descreve a publicação Transição de Serviço, não Estratégia de Serviço.

C) **Correta:** A publicação Estratégia de Serviço orienta sobre como as políticas e processos de gerenciamento de serviço podem ser desenhadas, desenvolvidas e implementadas como ativos estratégicos ao longo do ciclo de vida do serviço.

D) Incorreta: Esta alternativa descreve a publicação Melhoria Contínua de Serviço, não Estratégia de Serviço.

Questão 8: Publicação Estratégia de Serviço - Funil de Serviço, Catálogo de Serviço, Serviço Obsoleto.

Alternativa correta: A

A) **Correta:** Serviços em fase de definição e análise estão no Funil de Serviços. Serviços aprovados, liberados e disponíveis para contratação estão no Catálogo de Serviços. Serviços que já não servem mais são classificados como Serviços Obsoletos e retirados de produção.

B) Incorreta: Serviços em fase de definição e análise estão no Funil de Serviços, não no Catálogo de Serviços. Serviços aprovados estão no Catálogo de Serviços e não no Funil de Serviços.

C) Incorreta: Não há um elemento chamado Controle de Qualidade associado ao Portfólio de Serviços.

D) Incorreta: Não há os elementos Controle de Qualidade e Depósito de Serviço associados ao Portfólio de Serviços.

Questão 9: Publicação Estratégia de Serviço – Papel de Gerente de Produto.

Alternativa correta: C

A) Incorreta: A ITIL® não cita o papel de Gerente de Portfólio de Serviço como parte do Gerenciamento de Portfólio de Serviço.

B) Incorreta: A ITIL® não cita o papel de Gerente de Serviços como parte do Gerenciamento de Portfólio de Serviço.

160 • ITIL Foundation

C) **Correta:** No processo de Gerenciamento de Portfólio de Serviço existe o papel de Gerente de Produto, que gerencia serviços como se fossem produtos através do ciclo de vida.

D) Incorreta: A ITIL® não cita o papel de Gerente de Catálogo de Serviços como parte do Gerenciamento de Portfólio de Serviço.

Questão 10: Publicação Estratégia de Serviço – Processo de Gerenciamento de Demanda – Padrão de Atividade de Negócio.

Alternativa correta: D

A) Incorreta: O Padrão de Atividade de Negócio (PAN) é um perfil de carga de trabalho, não um catálogo.

B) Incorreta: O Gerenciamento de Desempenho é quem visa garantir que um serviço alcance os resultados esperados de uma maneira eficiente e consistente.

C) Incorreta: As políticas é que visam direcionar decisões e para garantir desenvolvimento e implementações adequados e consistentes de processos, normas, papéis, atividades e infraestrutura de TI.

D) **Correta:** O Padrão de Atividade de Negócio (PAN) é usado para ajudar o provedor de serviços de TI a entender e a planejar para os diferentes níveis de atividade de Negócio.

Um Processo de Negócio poderia ser, por exemplo, o processamento de pedidos no departamento de vendas. Esse Processo de Negócio poderia usar um software aplicativo que recebesse todos os pedidos dos clientes e gerasse as ordens de fabricação. Esse Processo de Negócio poderia ter sazonalidade, por exemplo, final do ano o número de pedidos de clientes triplica, o horário de uso do aplicativo se estende de 8 para 12 horas etc. Esse é um exemplo de comportamento de um Processo de Negócio. O que o Padrão de Atividade de Negócio (PAN) faz é documentar esse padrão de comportamento do Processo de Negócio. Pode existir um PAN anual para descrever que no final do ano há um aumento de frequência, volume de transações etc.

Capítulo 7   Simulado 5   •   **161**

Questão 11: Publicação Desenho de Serviço - Pacote de Desenho de Serviço e Pacote de Serviço.

Alternativa correta: A

O *Pacote de Desenho de Serviço* define quais serviços deverão ser colocados em produção através dos componentes denominados *Pacotes de Serviço*, que descrevem o que deve entrar em produção, mas não especifica como.

Questão 12: Publicação Desenho de Serviço - Modelos de fornecimento de serviços.

Alternativa correta: A

A) **Correta:** O modelo de fornecimento de serviço que envolve a terceirização não somente de um serviço, mas de uma cadeia de processos que pode entregar vários serviços aos clientes é conhecido como *Business Process Outsourcing* (Terceirização de Processos de Negócios).
B) Incorreta: *Knowledge Process Outsourcing* (Terceirização de Processos de Conhecimento) é um modelo de fornecimento de serviço em que o conhecimento é visto como um produto.
C) Incorreta: *Insourcing* trata-se da utilização de recursos internos para a entrega de serviços.
D) Incorreta: *Co-sourcing* é uma combinação de *Insourcing* com *Outsourcing*.

Questão 13: Publicação Desenho de Serviço – Processo de Gerenciamento de Catálogo de Serviço - Catálogo de Serviço.

Alternativa correta: A

A) **Correta:** O Catálogo de Serviço é parte do Portfólio de Serviço e contém informações sobre dois tipos de serviço de TI: *serviços voltados ao cliente* que são visíveis para o Negócio e *serviços de suporte* requeridos pelo provedor de serviço para entregar serviços voltados para o cliente.
B) Incorreta: Não há na ITIL® v3 referência à classificação dos serviços como primários e secundários.

162 • ITIL Foundation

C) Incorreta: A primeira lacuna refere-se a serviços voltados ao cliente e a segunda lacuna, a serviços de suporte.

D) Incorreta: Não há na ITIL® v3 referência à classificação dos serviços como serviços de prioridade e de capacidade.

Questão 14: Publicação Desenho de Serviço – Processo de Gerenciamento de Nível de Serviço – Tipos de Acordo de Nível de Serviço.

Alternativa correta: A

Os tipos de Acordos de Nível de Serviço são: Baseado em Serviço, Baseado em Cliente e Multinível.

Questão 15: Publicação Desenho de Serviço – Conceitos do Gerenciamento de Nível de Serviço – Revisão de Acordos e Contratos.

Alternativa correta: A

A) **Correta:** Rever e revisar Acordos de Nível de Serviço, escopo de serviço dos Acordos de Nível Operacional, contratos e outros acordos de suporte, são algumas das atividades do processo de Gerenciamento de Nível de Serviço.

B) Incorreta: A grande preocupação do Gerenciamento de Portfólio de Serviço é o Portfólio de Serviços, não a revisão de contratos e acordos.

C) Incorreta: A grande preocupação do Gerenciamento de Catálogo de Serviço é o Catálogo de Serviços, não a revisão de contratos e acordos.

D) Incorreta: A grande preocupação do processo de Gerenciamento de Mudança é o controle no ciclo de vida dos serviços de todas as mudanças, permitindo que mudanças benéficas sejam feitas com o mínimo de interrupção aos serviços de TI. A revisão de contratos e acordos não é o foco desse processo.

Questão 16: Publicação Desenho de Serviço – Processo de Gerenciamento da Disponibilidade.

Capítulo 7 Simulado 5 • **163**

Alternativa correta: B

Atividades proativas:
* Avaliação de risco.
* Teste de mecanismos de resiliência (capacidade de recuperação).

Atividades reativas:
* Análise e Gerenciamento de Eventos.
* Análise e Gerenciamento de Incidentes e Gerenciamento de Problemas relacionados à disponibilidade do serviço.

Questão 17: Publicação Desenho de Serviço – Processo de Gerenciamento da Disponibilidade - Gerente de Disponibilidade.

Alternativa correta: C

A) Incorreta: Gerente de Serviço é um termo genérico para qualquer gerente dentro do provedor de serviço.
B) Incorreta: Um Gerente de Processo é responsável pelo gerenciamento operacional de um processo. As responsabilidades de um Gerente de Processo incluem o planejamento e coordenação de todas as atividades necessárias para executar, monitorar e relatar informações do processo.
C) **Correta:** Gerente de Disponibilidade é um papel responsável por garantir que todos os serviços entreguem os níveis de disponibilidade acordados com o Negócio em Acordos de Nível de Serviço.
D) Incorreta: Gerente de Relacionamento de Negócio é um papel responsável por manter o relacionamento com um ou mais clientes.

Questão 18: Publicação Desenho de Serviço – Processo de Gerenciamento de Capacidade - Sistema de Informação do Gerenciamento de Capacidade.

Alternativa correta: D

164 • ITIL Foundation

A) Incorreta: O Sistema de Informação do Gerenciamento de Disponibilidade (*Availability Management Information System*) é um conjunto de ferramentas, dados e informações que é usado para dar suporte ao Gerenciamento de Disponibilidade. É um repositório virtual contendo todos os dados do Gerenciamento da Disponibilidade, usualmente armazenados em múltiplas localizações físicas.

B) Incorreta: Biblioteca de Mídia Definitiva é uma ou mais localidades em que as versões definitivas e autorizadas de todos os Itens de Configuração de software são armazenadas de maneira segura.

C) Incorreta: Sistema de Informação do Gerenciamento de Segurança é um conjunto de ferramentas, dados e informações que é usado para dar suporte ao Gerenciamento de Segurança da Informação.

D) **Correta:** Sistema de Informação do Gerenciamento de Disponibilidade é um repositório virtual contendo todos os dados do Gerenciamento de Capacidade, usualmente armazenados em múltiplas localizações físicas.

Questão 19: Publicação Desenho de Serviço – Processo de Gerenciamento de Continuidade de Serviço de TI - Análise de Impacto no Negócio.

Alternativa correta: A

A) **Correta:** A Análise de Impacto no Negócio (*Business Impact Analysis*) é a atividade no Gerenciamento de Continuidade de Negócio que identifica funções de Negócio vitais e as suas dependências. Essas dependências podem incluir fornecedores, pessoas e outros Processos de Negócio, serviços de TI etc. A análise de impacto no Negócio define os requisitos de recuperação para serviços de TI. Esses requisitos incluem objetivos de tempo de recuperação, objetivos de ponto de recuperação e as metas de nível de serviço mínimas para cada serviço de TI.

B) Incorreta: Análise de Kepner e Tregoe é uma abordagem de análise estruturada voltada à resolução de problemas. O problema é analisado com base em "o quê", "onde", "quando" e "extensão". As possíveis causas são identificadas, a causa mais provável é testada e a causa verdadeira é verificada.

C) Incorreta: Análise de Impacto de Falhas em Componentes é uma técnica que ajuda a identificar o impacto da falha de um Item de Configuração nos serviços de TI e no Negócio.

Capítulo 7   Simulado 5   •   **165**

D) Incorreta: Análise Cronológica é uma técnica usada para ajudar a identificar causas possíveis de problemas.

Questão 20: Publicação Desenho de Serviço – Processo de Gerenciamento de Segurança da Informação – Gerente de Segurança da Informação.

Alternativa correta: D

O que consta nas alternativas A, B e C são responsabilidades do Gerente de Segurança da Informação. Porém, quem deve fazer a revisão e análise de risco de todos os fornecedores e contratos de uma forma regular (alternativa D) é o Gerente de Fornecedores, não o Gerente de Segurança.

Questão 21: Publicação Desenho de Serviço – Processo de Gerenciamento de Fornecedor - Base de Dados de Fornecedor e Contrato.

Alternativa correta: B

A) Incorreta: O Sistema de Informação do Gerenciamento de Disponibilidade (*Availability Management Information System*) é um conjunto de ferramentas, dados e informações que é usado para dar suporte ao Gerenciamento de Disponibilidade. É um repositório virtual contendo todos os dados do Gerenciamento da Disponibilidade, usualmente armazenados em múltiplas localizações físicas.

B) **Correta:** A Base de Dados de Fornecedor e Contrato (*Suplier and Contract Database*) é uma base de dados ou documento estruturado utilizado para gerenciar os contratos dos fornecedores através do seu ciclo de vida.

C) Incorreta: Sistema de Informação do Gerenciamento de Segurança é um conjunto de ferramentas, dados e informações que é usado para dar suporte ao gerenciamento de segurança da informação.

D) Incorreta: Sistema de Informação do Gerenciamento de Disponibilidade é um repositório virtual contendo todos os dados do Gerenciamento de Capacidade, usualmente armazenados em múltiplas localizações físicas.

166 • ITIL Foundation

Questão 22: Publicação Transição de Serviço - Objetivo.

Alternativa correta: D

O que é descrito nas alternativas A, B e C são objetivos da publicação Transição de Serviço.

Entregar e gerenciar serviços de TI em níveis acordados para usuários e clientes do Negócio é objetivo da publicação Operação de Serviço, não da publicação Transição de Serviço.

Questão 23: Publicação Transição de Serviço - Processo de Gerenciamento de Mudança - Mudança de Serviço.

Alternativa correta: D

Mudança de Serviço (*Service Change*) é a adição, modificação ou remoção de serviço autorizado, planejado ou suportado ou componente do serviço e sua documentação associada.

Questão 24: Publicação Transição de Serviço - Processo de Gerenciamento de Mudança – Dono do Processo.

Alternativa correta: B

O responsável por definir os Indicadores-Chave de Desempenho (*Key Performance Indicator*) para o processo de Gerenciamento de Mudança é o Dono do Processo de Gerenciamento de Mudança.

O Dono do Processo ou Proprietário do Processo é a pessoa responsável por garantir que um processo esteja adequado para um propósito. Normalmente, os Indicadores-Chave de Desempenho são definidos pelo Dono do Processo que normalmente é o Gerente do Processo.

Capítulo 7   Simulado 5   •   **167**

Questão 25: Publicação Transição de Serviço – Processo de Gerenciamento de Configuração e de Ativos de Serviço.

Alternativa correta: C

A) Incorreta: O processo de Gerenciamento de Capacidade é responsável por garantir que a capacidade dos serviços de TI e a infraestrutura de TI sejam capazes de atender aos requisitos relacionados à capacidade e ao desempenho acordados de maneira oportuna e eficaz em custo.

B) Incorreta: O processo de Gerenciamento de Nível de Serviço é responsável pela negociação de Acordos de Nível de Serviço atingíveis e por garantir que todos eles sejam alcançados.

C) **Correta:** O processo de Gerenciamento de Configuração e de Ativos de Serviço é responsável por garantir que os ativos requeridos para entregar serviços sejam devidamente controlados e que informações precisas e confiáveis sobre esses ativos estejam disponíveis quando e onde forem necessárias.

D) Incorreta: Gerenciamento de Continuidade de Serviço de TI é responsável pelo gerenciamento de riscos que podem impactar seriamente os serviços de TI.

Questão 26: Publicação Transição de Serviço – Processo de Gerenciamento de Configuração e de Ativos de Serviço - Sistema de Gerenciamento da Configuração e Gerenciamento de Configuração.

Alternativa correta: B

As informações sobre cada Item de Configuração são registradas em um registro de configuração no Sistema de Gerenciamento da Configuração e é mantido por todo o seu ciclo de vida pelo Gerenciamento de Configuração e de Ativo de Serviço.

168 • ITIL Foundation

Questão 27: Publicação Transição de Serviço – Processo de Gerenciamento de Configuração e de Ativos de Serviço - Biblioteca de Mídia Definitiva.

Alternativa correta: B

A Biblioteca de Mídia Definitiva é uma ou mais localidades em que as versões definitivas e autorizadas de todos os Itens de Configuração de software são armazenadas de maneira segura. Também pode conter Itens de Configuração associados, como licenças e documentação. É controlada pelo Gerenciamento de Configuração e de Ativo de Serviço e é registrada no Sistema de Gerenciamento de Configuração. Os sobressalentes de hardware definitivos são armazenados em um local chamado de Sobressalentes Definitivos (*Definitive Spares*).

Questão 28: Publicação Transição de Serviço – Processo de Gerenciamento de Configuração e de Ativos de Serviço - Papéis.

Alternativa correta: B

Gerente de Ativo de Serviço e Gerente de Configuração são os dois papéis previstos no processo de Gerenciamento de Configuração e de Ativos de Serviço.

Gerente de Produto é um papel previsto no processo de Gerenciamento de Portfólio de Serviço.

Questão 29: Publicação Transição de Serviço – Processo de Gerenciamento de Liberação e de Implantação – Abordagens de implantação.

Alternativa correta: C

A) Incorreta: Siga o sol é uma metodologia para usar centrais de serviço e grupos de suporte ao redor no mundo para prover serviços em regime 24/7 de forma transparente.

Capítulo 7   Simulado 5   •   **169**

B) Incorreta: Não há na ITIL® v3 referência à abordagem compartilhada.

C) **Correta:** Para colocar um serviço de TI em produção podem ser utilizadas as abordagens: manual, automática, puxar e empurrar, liberação por fases e *big bang*.

D) Incorreta: Não há na ITIL® v3 referência à abordagem integrada.

Questão 30: Publicação Transição de Serviço – Processo de Gerenciamento de Conhecimento - Sistema de Gerenciamento de Conhecimento de Serviço.

Alternativa correta: C

O Sistema de Gerenciamento de Conhecimento de Serviço é um conjunto de ferramentas e bancos de dados que são usados para gerenciar conhecimento, informações e dados. Inclui o Sistema de Gerenciamento de Configuração, além de outros bancos de dados e Sistemas de Informação. Inclui também ferramentas para coletar, armazenar, gerenciar, atualizar, analisar e apresentar todos os conhecimentos, informações e dados que um provedor de serviço de TI precisa para gerenciar o ciclo de vida completo dos serviços de TI.

Questão 31: Publicação Operação de Serviço – Processo de Gerenciamento de Evento.

Alternativa correta: B

Um evento é qualquer ocorrência detectável ou perceptível que tenha significado para o gerenciamento da infraestrutura TI, ou seja, é uma ocorrência que é significativa para o gerenciamento de infraestrutura de TI ou prestação de serviço.

Questão 32: Publicação Operação de Serviço – Processo de Gerenciamento de Incidente - Modelos de Incidente.

Alternativa correta: D

170 • ITIL Foundation

Modelos de Incidente definem:

- os passos a serem executados.
- a ordem cronológica de passos.
- as responsabilidades.
- os tempos de execução.
- os procedimentos de escalonamento.
- a geração de evidências.

NÃO definem uma solução definitiva para o incidente.

Questão 33: Publicação Operação de Serviço – Processo de Cumprimento de Requisição.

Alternativa correta: A

A) **Correta:** O processo de Cumprimento de Requisição é responsável por gerenciar o ciclo de vida de todas as requisições de serviço. É responsável pela obtenção e entrega de componentes de serviço padrão requisitados.

B) Incorreta: O processo de Gerenciamento de Fornecedor tem como objetivo cuidar do desenvolvimento, da negociação e dos acordos de contrato entre o cliente e o fornecedor de serviços de TI.

C) Incorreta: O processo de Gerenciamento de Nível de Serviço tem como objetivo garantir que o Nível de Serviço acordado seja fornecido para todos os serviços de TI atualmente em operação.

D) Incorreta: O processo de Gerenciamento de Capacidade tem como objetivo garantir que exista capacidade em todas as áreas de TI para atender as necessidades do Negócio acordadas, atuais e futuras, em tempo hábil.

Questão 34: Publicação Operação de Serviço – Processo de Gerenciamento de Problema - Banco de Dados de Erros Conhecidos.

Alternativa correta: D

Capítulo 7 Simulado 5 • **171**

O Banco de Dados de Erros Conhecidos (BDEC) é um banco de dados que contém todos os registros de erros conhecidos. Esse banco de dados é criado pelo Gerenciamento de Problema e é usado pelo Gerenciamento de Incidente e pelo Gerenciamento de Problema. O Gerenciamento de Incidente usa esse banco de dados durante a fase de diagnóstico de incidente para acelerar o processo de resolução.

Questão 35: Publicação Operação de Serviço – Função Central de Serviços – Atividades.

Alternativa correta: D

A Função Central de Serviços registra detalhes de incidentes e de requisições de serviços, fornece investigação e diagnóstico em primeiro nível e restaura o serviço.

Buscar a causa-raiz dos problemas é responsabilidade do processo de Gerenciamento de Problema.

Questão 36: Publicação Operação de Serviço – Função Central de Serviços.

Alternativa correta: C

Os itens I, II e III estão corretos.

A Central de Serviço não busca a causa-raiz de problemas, mas sim o processo de Gerenciamento de Problema, logo, o item IV não pode ser Indicador-Chave de Desempenho da Função Central de Serviços.

Questão 37: Publicação Operação de Serviço – Função Gerenciamento de Operações de TI – Subfunções.

Alternativa correta: B

A Função Gerenciamento de Operações de TI possui as subfunções Controle de Operações de TI e Gerenciamento de Instalações.

172 • ITIL Foundation

Questão 38: Publicação Melhoria Contínua de Serviço – Metas e objetivos.

Alternativa correta: A

As metas e objetivos da etapa Melhoria Contínua de Serviço:
- Rever, analisar e fazer recomendações sobre oportunidades de melhoria em todo o ciclo de vida do serviço.
- Rever e analisar os resultados de Acordos de Nível de Serviço.
- Identificar e implementar atividades individuais para a melhoria da qualidade de serviços de TI.
- Melhorar o custo e efetividade do serviço.
- Garantir métodos de gerenciamento de qualidade aplicáveis para suportar as atividades de melhoria contínua.

Questão 39: Publicação Melhoria Contínua de Serviço - PDCA.

Alternativa correta: B

Plan-Do-Check-Act (PDCA) ou Planejar-Executar-Verificar-Agir (PEVA) é um ciclo de quatro etapas para o gerenciamento de processos, desenvolvido por Edward Deming. Planejar-Executar-Verificar-Agir é também conhecido por "Ciclo de Deming". Planejar – desenhar ou revisar processos que suportam os serviços de TI; Executar – implementar o plano e gerenciar os processos; Verificar – medir os processos e os serviços de TI, comparar com objetivos e gerar relatórios; Agir – planejar e implementar mudanças para melhorar os processos.

Questão 40: Publicação Melhoria Contínua de Serviço - Monitoração e medição.

Alternativa correta: C

Monitoração e medição devem ser utilizadas quando tentamos melhorar os serviços para:

- **Validar** decisões prévias.
- **Direcionar** um conjunto de atividades sequenciais para atingir um objetivo.
- **Justificar**, com uma evidência ou prova, sobre a necessidade de ações.
- **Intervir**, identificando ações corretivas.

Capítulo 8

Simulado 6

Entenda as Funções e suas relações com os processos

As Funções são descritas na publicação Operação de Serviço. Representam equipes ou grupos de pessoas e as ferramentas ou outros recursos que são utilizados para conduzir um ou mais processos ou atividades.

Dica: Descreva as características de cada Função e seu escopo de atuação. Em seguida, liste as atividades que realizam. Ao terminar, compare o que listou com o que consta nas publicações da ITIL.

Simulado

1) Considere:
I.   A ITIL® é um guia de melhores práticas no gerenciamento de serviços.
II. O "coração" da ITIL® é estruturado ao redor do ciclo de vida do serviço.
III. A publicação Otimização de Serviço possui processos para garantir a qualidade dos serviços prestados.
IV. A ITIL® é um padrão formal e prescritivo que apresenta as melhores práticas no gerenciamento de serviços de TI.

Está correto o que se afirma em:
A) I, II, III e IV.
B) I e II, apenas.
C) I, II e IV, apenas.
D) II, III e IV, apenas.

2) Recursos e capacitações são considerados _____ de uma organização e constituem a base para a criação de valor para o serviço.

A lacuna é preenchida corretamente por:

176 • ITIL Foundation

A) ferramentas.
B) ativos de serviço.
C) bem móveis.
D) serviços base.

3) Todos os processos:

A) definem funções como parte de seu desenho.
B) são executados por um provedor de serviços externo para dar suporte aos clientes.
C) devem entregar valor para as partes interessadas.
D) são unidades organizacionais responsáveis por resultados específicos.

4) Considere as definições a seguir:

I. Funcionalidade oferecida por um serviço para atender uma necessidade particular.
II. Promessa de que o serviço irá atender os requisitos acordados dentro de níveis adequados.

Os itens I e II definem, respectivamente, os termos:

A) qualidade e acordo de nível de serviço.
B) utilidade e garantia.
C) garantia e capacidade.
D) recurso e habilidade.

5) Um serviço deve sempre entregar _____ aos clientes. A lacuna é melhor preenchida com:

A) retorno financeiro sobre o investimento.
B) informação.
C) recursos.
D) valor.

6) A automação permite melhorar a utilidade e garantia dos serviços. Considere as áreas a seguir:
I. Detecção e Monitoração.
II. Geração de Relatórios.
III. Análise e Reconhecimento de Padrões.
IV. Desenho e Modelagem.

As áreas que podem se beneficiar da automação são as que constam em:
A) I, II, III e IV.
B) I e II, apenas.
C) III e IV, apenas.
D) II e III, apenas.

7) A Estratégia de Serviço inclui os seguintes processos: Gerenciamento Estratégico para Serviços de TI, Gerenciamento de Portfólio de Serviço, Gerenciamento Financeiro para Serviços de TI, Gerenciamento de Relacionamento de Negócio e Gerenciamento

A) da Segurança da Informação.
B) de Mudança.
C) de Capacidade.
D) de Demanda.

8) O conjunto completo de serviços que são gerenciados por um provedor de serviços e que são oferecidos para os clientes é conhecido como:
A) Funil de Serviços.
B) Portfólio de Serviço.
C) Catálogo de Serviço.
D) Serviços Obsoletos.

9) Considere as perguntas a seguir:
I. Porque um cliente deveria comprar esse serviço?
II. Porque um cliente deveria comprar os nossos serviços?
III. Quais são os modelos de venda e cobrança pelo serviço?
IV. Quais são nossas forças e fraquezas, prioridades e riscos?
V. Como devem ser alocados nossos recursos e competências?

178 • ITIL Foundation

Essas perguntas devem ser feitas no processo de:
A) Gerenciamento Financeiro para Serviços de TI.
B) Gerenciamento de Portfólio de Serviço.
C) Gerenciamento de Demanda.
D) Gerenciamento de Relacionamento de Negócio.

10) É um perfil de carga de trabalho de uma ou mais atividades de Negócio que é usado para ajudar o provedor de serviços de TI a planejar para os diferentes níveis de atividade de Negócio.

O perfil de carga de trabalho citado é chamado de:

A) Catálogo de Serviço.
B) Padrão de Atividade de Negócio (PAN).
C) Função de Negócio Vital (FNV).
D) Modelo de Configuração.

11) A publicação Desenho de Serviço

A) inclui o desenho de serviços, as práticas que o regem, processos e políticas requeridas para realizar a estratégia do provedor de serviço e facilitar a introdução de serviços nos ambientes suportados.
B) é responsável pelas atividades do dia a dia, orientando sobre como garantir a entrega e o suporte a serviços de forma eficiente e eficaz.
C) garante que serviços novos, modificados ou obsoletos atendam às expectativas do Negócio como documentado nas etapas anteriores do ciclo de vida do serviço.
D) define a perspectiva, a posição, os planos e os padrões que um provedor de serviço precisa executar para atender aos resultados de Negócio de uma organização.

12) O documento que define todos os aspectos de um serviço de TI e seus requisitos em cada fase do seu ciclo de vida, que é produzido para cada novo serviço de TI, mudança importante ou serviço de TI que se torna obsoleto é conhecido como:

Capítulo 8 Simulado 6 • **179**

A) Plano de Melhoria de Serviço.
B) Critério de Aceite de Serviço.
C) Padrão de Atividade de Negócio.
D) Pacote de Desenho de Serviço.

13) NÃO é um modelo de fornecimento de serviços previsto na ITIL® v3:
A) *Insourcing.*
B) *Outsourcing.*
C) *Partnership.*
D) *e Sourcing.*

14) O acordo entre um provedor de serviço de TI e um cliente, que descreve o serviço de TI, documenta metas de nível de serviço e especifica as responsabilidades do provedor de serviço de TI e do cliente é conhecido como:

A) Acordo de Nível Operacional.
B) Contrato de Apoio.
C) Acordo de Serviço.
D) Acordo de Nível de Serviço.

15) Um Acordo de Nível de Serviço que cobre um serviço para todos os clientes desse serviço é conhecido como:

A) Acordo de Nível de Serviço Baseado em Serviço.
B) Acordo de Nível Operacional.
C) Acordo de Nível de Serviço Baseado em Cliente.
D) Acordo de Nível de Serviço Multinível.

16) Considere os conteúdos abaixo:
I.   A descrição e o escopo do contrato.
II. As responsabilidades e dependências.
III. O nome do provedor interno.

Em um Contrato de Apoio, normalmente, se encontra o que consta nos itens:

180 • ITIL Foundation

A) I e II, apenas.
B) I, II e III.
C) I, apenas.
D) II, apenas.

17) O repositório virtual contendo todos os dados do Gerenciamento da Disponibilidade, usualmente armazenados em múltiplas localizações físicas é conhecido como:

A) Sistema de Informação do Gerenciamento de Disponibilidade.
B) Biblioteca de Mídia Definitiva.
C) Provedor de Serviço de Aplicativo.
D) Sistema de Gerenciamento da Configuração.

18) O subprocesso do Gerenciamento de Capacidade da publicação Desenho de Serviço que é responsável pelo gerenciamento, controle e previsão do desempenho e capacidade de ponta a ponta dos serviços em produção é o:

A) Gerenciamento de Capacidade de Componente.
B) Gerenciamento de Capacidade de Negócio.
C) Gerenciamento de Capacidade de Serviço.
D) Gerenciamento de Capacidade de Processo.

19) Considere:
I.   Estratégia de Continuidade do Negócio
II. Análise de impacto no Negócio.
III. Avaliação de risco.
IV. Plano de Inovação Tecnológica.

A estratégia da Continuidade de Serviço de TI deve ser baseada no que se afirma APENAS no (s) item (s):

A) I, II e III.
B) III e IV.
C) I.
D) II.

Capítulo 8 Simulado 6 • **181**

20) A estrutura de políticas, processos, funções, normas, orientações e ferramentas que garantem que uma organização possa atingir os seus objetivos de
Gerenciamento de Segurança da Informação é conhecida como:

A) Sistema de Informação do Gerenciamento de Disponibilidade.
B) Sistema de Gerenciamento da Segurança da Informação.
C) Sistema de Informação do Gerenciamento de Segurança.

21) Os provedores de serviço podem ser:

A) interno, externo e compartilhado.
B) pessoas, organizações e entidades.
C) parceiros, colaboradores e empresas.
D) integrado, público e privado.

22) De acordo com o processo de Gerenciamento de Mudança, os tipos de
mudança são:

A) Mudança de Serviço, Mudança de Processo e Mudança de Produto.
B) Mudança Normal, Mudança Emergencial e Mudança Padrão.
C) Mudança Operacional, Mudança Gerencial e Mudança de Governança.
D) Mudança Simples, Mudança Complexa e Mudança Padrão.

23) O subgrupo do Comitê Consultivo de Mudança que toma decisões
sobre mudanças que precisam ser implementadas o mais rápido possível é conhecido como:

A) Comitê de Assuntos Urgentes.
B) Conselho Deliberativo de Mudanças Urgentes.
C) Conselho Deliberativo de Mudanças Emergenciais.
D) Comitê Consultivo de Mudança Emergencial.

24) Considere os exemplos de indicadores do processo de Gerenciamento
de Mudança:

182 • ITIL Foundation

I. Número de mudanças não autorizadas.
II. Número de mudanças com falhas.
III. Quantidade de requisições de mudanças acumuladas.
IV. Número total de mudanças.

Podem ser considerados Indicadores-Chave de Desempenho o que consta em:
A) I, II e III, apenas.
B) I, II, III e IV.
C) II e III, apenas.
D) I e IV, apenas.

25) Item de Configuração é:

A) qualquer componente ou outro ativo de serviço que precise ser gerenciado de forma a entregar um serviço de TI.
B) algo que deve ser fornecido para atender um compromisso em um Acordo de Nível de Serviço ou um contrato.
C) uma mudança de estado que possui significado para o gerenciamento de um serviço de TI.
D) uma representação gráfica da disponibilidade e desempenho de um serviço de TI.

26) Uma ou mais localidades em que as versões definitivas e autorizadas de todos os Itens de Configuração de software são armazenados de maneira segura é conhecida como:

A) Biblioteca de Mídia Definitiva.
B) Sobressalentes Definitivos.
C) Catálogo de Hardware e Software.
D) Base de Dados de Aplicativo.

27) Considere os exemplos a seguir:
I. Um computador pessoal de mesa, incluindo hardware, software, licenças, documentação etc.
II. Um aplicativo de folha de pagamento completo, incluindo procedimentos de operações de TI e treinamento de usuário.

III. Um componente de hardware de alta qualidade e desempenho liberado isoladamente.

São exemplos de Unidades de Liberação o que consta em:
A) I, II e III
B) III, apenas.
C) II e III, apenas.
D) I e II, apenas.

28) O modelo que define critérios de aceitação para requisitos estabelecidos e que relaciona os diferentes níveis de configuração para a construção, testes e validação, de acordo com a especificação de requisitos de serviço, é conhecido como:
A) Modelo de Maturidade.
B) Modelo Kano.
C) Modelo V.
D) Modelo de Serviço.

29) É o processo responsável por compartilhar perspectivas, ideias, experiência e informações, e por garantir que estejam disponíveis no lugar certo, no momento certo. Possibilita a tomada de decisões bem informadas e melhora a eficiência reduzindo a necessidade de redescobrir o conhecimento.

O texto fala do processo de:
A) Gerenciamento de Dados.
B) Gerenciamento de Informações.
C) Gerenciamento de Conhecimento.
D) Gerenciamento de Mídias de Conhecimento.

30) A abordagem mais adequada à realização de Operações de Serviço é:
A) Operação de Serviço deve manter o equilíbrio entre a visão interna de TI e a visão externa do Negócio.
B) A visão interna de TI é mais importante para a Operação de Serviço, pois monitora e gerencia a infraestrutura.
C) A visão externa do Negócio é mais importante para a Operação de TI, pois é o local onde o valor é realizado e o cliente obtém os benefícios do serviço.

184 • ITIL Foundation

D) Operações de TI não necessitam ter uma visão interna ou externa, pois simplesmente executam processos definidos pelo Desenho de Serviço.

31) Considere:
I. É um aviso de que um limiar foi atingido, que algo mudou ou que uma falha ocorreu.
II. É qualquer ocorrência detectável ou perceptível que tenha significado para o Gerenciamento da Infraestrutura de TI.

As definições apresentadas em I e II são, respectivamente, de:
A) evento e problema.
B) alerta e incidente.
C) problema e incidente.
D) alerta e evento.

32) Considere:
I. Eventos comunicados diretamente pelos usuários através da Central de Serviços.
II. Eventos identificados através de ferramentas de monitoração de eventos com interface para o Gerenciamento de Incidente.
III. Incidentes reportados pelo pessoal técnico.

O processo de Gerenciamento de Incidente deve tratar os incidentes descritos em:
A) I, II e III.
B) I, apenas.
C) III, apenas.
D) I e III, apenas.

33) Uma forma de predefinir os passos que devem ser seguidos para manusear um incidente, de uma maneira acordada, é conhecida como:
A) Guia de Ações sobre Incidente.
B) Modelo de Incidente.
C) Padrão de Tratamento.
D) Modelo de Resolução de Problemas.

34) O banco de dados que contém conhecimentos prévios a respeito de incidentes e problemas (e como eles foram superados), possibilitando diagnóstico e resolução rápida, caso eles voltem a ocorrer é conhecido como:

A) Sistema de Gerenciamento de Configuração.
B) Banco de Dados de Erros Conhecidos.
C) Sistema de Gerenciamento de Conhecimento de Serviço.
D) Sistema de Informação do Gerenciamento de Disponibilidade.

35) Sobre a Função Central de Serviços é correto afirmar que:

A) busca a causa-raiz dos problemas e incidentes.
B) provê um ponto único de contato para clientes e usuários a fim de gerenciar a resolução de incidentes e assuntos relacionados ao suporte.
C) é a proprietária do processo de Gerenciamento de Incidente.
D) fornece investigação e diagnóstico em primeiro e segundo níveis.

36) Um tipo de Central de Serviço em que múltiplas Centrais de Serviço são percebidas como uma só, utilizadas pelos usuários e clientes em qualquer parte do mundo é conhecida como:
A) Local.
B) Siga o Sol.
C) Centralizada.
D) Virtual.

37) A Função responsável por fornecer habilidades técnicas para o suporte de serviços de TI e o gerenciamento de infraestrutura de TI com objetivo de apoiar o planejamento e implementar e manter infraestrutura técnica para suportar os Processos de Negócio é a Função de:

A) Central de Serviço.
B) Gerenciamento de Operações de TI.
C) Gerenciamento Técnico.
D) Gerenciamento de Aplicativo.

186 • ITIL Foundation

38) A publicação Melhoria Contínua de Serviço:

A) garante que os serviços estejam alinhados com as necessidades do Negócio em mudança por meio da identificação e da implementação de melhorias para os serviços de TI que suportam os Processos de Negócio.
B) define os planos e os padrões que um provedor de serviço precisa executar para atender aos resultados de Negócio de uma organização.
C) orienta sobre como as políticas e processos de gerenciamento de serviço podem ser desenhadas, desenvolvidas e implementadas como ativos estratégicos ao longo do ciclo de vida do serviço.
D) garante que serviços novos, modificados ou obsoletos atendam às expectativas do Negócio como documentado nas etapas de Estratégia de Serviço e Desenho de Serviço do ciclo de vida.

39) O processo de Melhoria de Sete Etapas:

A) inclui, dentre suas etapas, Relato do Serviço e Medição do Serviço.
B) é responsável pela definição e gerenciamento das etapas necessárias para identificar, definir, coletar, processar, analisar, apresentar e implementar melhorias.
C) visa, principalmente, prover informações sobre o serviço dentro de uma visão completa orientada à integração com o Negócio.
D) foi criado a partir das técnicas de controle de qualidade do CMMI e utiliza modelos de qualidade já aceitos pelo mercado como ISO 9000 e PDCA.

40) O banco de dados ou documento estruturado usado para registrar e gerenciar as oportunidades de melhoria em todo o seu ciclo de vida é conhecido como:

A) Biblioteca de Conhecimento.
B) Biblioteca de Mídia Definitiva.
C) Registro da MCS.
D) Banco de Dados de Conhecimento.

Gabarito do simulado 6

1	2	3	4	5	6	7	8	9	10
B	B	C	B	D	A	D	B	B	B
11	12	13	14	15	16	17	18	19	20
A	D	D	D	A	A	A	C	A	B
21	22	23	24	25	26	27	28	29	30
A	B	D	A	A	A	D	C	C	A
31	32	33	34	35	36	37	38	39	40
D	A	B	B	B	D	C	A	B	C

Correção do simulado 6

Questão 1: Objetivo da ITIL®

Alternativa correta: B

Somente os itens I e II estão corretos. O item III fala de uma publicação (Otimização de Serviço) que não existe no ITIL®. O Item IV diz que o ITIL® é um padrão formal e prescritivo. O ITIL® não é um padrão formal, mas sim um conjunto de melhores práticas recomendadas no gerenciamento de serviços. Não é um modelo prescritivo, ou seja, não é "uma receita".

Questão 2: Conceitos e definições da ITIL® – Ativos de Serviço.

Alternativa correta: B

Recursos e capacitações são considerados *__ativos de serviço__* de uma organização e constituem a base para a criação de valor para o serviço. Como recursos, podem ser considerados itens como pessoas, informação, aplicações, infraestrutura, e capital financeiro. Capacitações (ou habilidades) são desenvolvidas ao longo do tempo e podem incluir gerenciamento, organização, processos e conhecimentos.

188 • ITIL Foundation

Questão 3: Conceitos e definições da ITIL® - Processos.

Alternativa correta: C

Um processo é um conjunto de atividades definidas que combinam recursos e capacidades para atingir um objetivo específico e que direta ou indiretamente, cria valor para o cliente e outras partes interessadas.

Questão 4: Conceitos e definições da ITIL® – Utilidade e garantia.

Alternativa correta: B

A) Incorreta: Qualidade é uma propriedade, atributo ou condição de um serviço capaz de distingui-lo de outros e de lhe determinar a natureza. A funcionalidade de um serviço refere-se a sua utilidade e não às suas qualidades. Acordo de Nível de Serviço é um acordo formal (e não uma promessa), realizado entre o provedor de serviços e um cliente, que descreve o serviço, documenta suas metas de nível de serviço acordadas e especifica responsabilidades.

B) **Correta:** O termo utilidade está relacionado ao que é entregue. Refere-se a uma funcionalidade oferecida por um serviço. O termo garantia está relacionado à como um serviço é entregue. Refere-se à promessa de que um serviço irá atender os requisitos acordados dentro de níveis de serviço adequados que cobrem disponibilidade, capacidade, continuidade e segurança.

C) Incorreta: O termo garantia não define uma funcionalidade oferecida por um serviço, mas sim a uma promessa de que o serviço atenderá os requisitos em níveis adequados. O termo capacidade define a qualidade de um serviço de atender determinada necessidade. Capacidade é uma dessas necessidades, juntamente com disponibilidade, continuidade e segurança.

D) Incorreta: Um recurso é um item de infraestrutura, uma pessoa, dinheiro ou qualquer outra coisa que possa ajudar na entrega de um serviço. Não é uma funcionalidade oferecida por um serviço. Habilidade são as competências de uma organização, processos, pessoas ou serviços de TI para realizarem uma atividade. Não é a promessa de que o serviço irá atender os requisitos acordados dentro de níveis adequados.

Capítulo 8   Simulado 6   •   **189**

Questão 5: Conceitos e definições da ITIL® - Serviço.

Alternativa correta: D

A) Incorreta: Nem sempre um serviço gera retorno sobre o investimento.

B) Incorreta: Um serviço entrega algum tipo de valor ao cliente, mesmo que seja na forma de informação, porém, nem sempre entrega informação.

C) Incorreta: Um serviço retorna algum tipo de valor ao cliente, não especificamente recursos.

D) **Correta:** Um serviço sempre entrega algum tipo de valor ao cliente, senão, não teria razão de existir.

Questão 6: Conceitos e definições da ITIL® – Automação de serviços.

Alternativa correta: A

Todos os itens estão corretos.

As áreas que podem se beneficiar da automação são: Detecção e Monitoração, Geração de Relatórios, Análise e Reconhecimento de Padrões, Desenho e Modelagem, Catálogo de Serviços, Otimização e Classificação, Priorização e Direcionamento.

Questão 7: Publicação Estratégia de Serviço – Processo de Gerenciamento de Demanda.

Alternativa correta: D

A) Incorreta: O Gerenciamento de Segurança da Informação faz parte da publicação Desenho de Serviço.

B) Incorreta: O Gerenciamento de Mudança faz parte da publicação Transição de Serviço.

C) Incorreta: O Gerenciamento de Capacidade faz parte da publicação Desenho de Serviço.

D) **Correta:** A Estratégia de Serviço inclui os seguintes processos: Gerenciamento Estratégico para Serviços de TI, Gerenciamento de Portfólio de Serviço, Gerenciamento Financeiro para Serviços de TI, Gerenciamento de Relacionamento de Negócio e Gerenciamento de Demanda.

190 • ITIL Foundation

Questão 8: Publicação Estratégia de Serviço – Portfólio de Serviço.

Alternativa correta: B

A) Incorreta: O Funil de Serviços contém apenas serviços que estão na fase de definição e análise, não o conjunto completo de serviços que um provedor de serviços oferece.

B) **Correta:** O Portfólio de Serviços contém o conjunto completo de serviços de um provedor de serviços. Estão associados ao Portfólio de Serviços o Funil de Serviços, o Catálogo de Serviços e os Serviços Obsoletos.

C) Incorreta: O Catálogo de Serviço contém apenas serviços aprovados, liberados e disponíveis para serem contratados, não o conjunto completo de serviços que um provedor de serviços oferece.

D) Incorreta: Os serviços obsoletos são apenas aqueles que estão prontos para serem retirados do Catálogo de Serviços, por ter um serviço novo para substituí-lo ou simplesmente porque já não serve mais para o propósito para o qual foi criado.

Questão 9: Publicação Estratégia de Serviço - Processo de Gerenciamento de Portfólio de Serviço.

Alternativa correta: B

A) Incorreta: O processo de Gerenciamento Financeiro para Serviços de TI está preocupado com o planejamento orçamentário, com a contabilidade e cobrança por um serviço. A maioria dessas perguntas não ajudaria nas atividades desse processo.

B) **Correta:** O Portfólio de Serviço descreve os serviços de um provedor em termos de valor para o Negócio. Todas as perguntas ajudam nessa descrição, logo, elas devem ser feitas no processo de Gerenciamento de Portfólio de Serviço.

C) Incorreta: O processo de Gerenciamento de Demanda está preocupado em atender a demanda dos clientes pelos serviços de TI e influenciar essa demanda. A maioria das perguntas não ajudaria nas atividades desse processo.

D) Incorreta: O processo de Gerenciamento do Relacionamento de Negócio está preocupado em manter um bom relacionamento com o cliente, antecipando suas necessidades. Muitas das perguntas apresentadas não ajudariam nesse processo.

Questão 10: Publicação Estratégia de Serviço – Processo de Gerenciamento de Demanda – Padrão de Atividade de Negócio.

Alternativa correta: B

A) Incorreta: Catálogo de Serviço é o banco de dados ou documento que possui informações sobre os serviços de TI que podem ser entregues, incluindo os que estão disponíveis para entrar em produção.

B) **Correta:** O Padrão de Atividade de Negócio (PAN) é um perfil de carga de trabalho de uma ou mais atividades de Negócio que é usado para ajudar o provedor de serviços de TI a entender e a planejar para os diferentes níveis de atividade de Negócio.

C) Incorreta: Função de Negócio Vital (VBF) é uma função de um Processo de Negócio que é crítica para o sucesso do Negócio.

D) Incorreta: Modelo de Configuração é uma visão dos serviços ativos e infraestrutura que permite registrar, controlar e relatar versões, atributos e relacionamentos entre Itens de Configuração.

Questão 11: Publicação Desenho de Serviço - Conteúdo.

Alternativa correta: A

A) **Correta:** A publicação Desenho de Serviço fornece orientação para o desenho e o desenvolvimento dos serviços e dos processos de gerenciamento de serviços.

B) Incorreta: Esta alternativa descreve a publicação Operação de Serviço.

C) Incorreta: Esta alternativa descreve a publicação Transição de Serviço.

D) Incorreta: Esta alternativa descreve a publicação Estratégia de Serviço.

192 • ITIL Foundation

Questão 12: Publicação Desenho de Serviço – Pacote de Desenho de Serviço.

Alternativa correta: D

A) Incorreta: Plano de Melhoria de Serviço é um plano formal para implementar melhorias a um processo ou serviço de TI.

B) Incorreta: Critério de Aceite de Serviço é um conjunto de critérios usados para garantir que um serviço de TI atenda aos requisitos de qualidade e funcionalidade e que o provedor de serviço de TI esteja pronto para operar o novo serviço de TI quando ele tiver sido implantado.

C) Incorreta: O Padrão de Atividade de Negócio (PAN) é usado para ajudar o provedor de serviços de TI a entender e a planejar para os diferentes níveis de atividade de Negócio.

D) **Correta:** Pacote de Desenho de Serviço é um ou mais documentos que definem os aspectos de um serviço de TI e seus requisitos em cada fase do seu ciclo de vida, que é produzido para cada novo serviço de TI, mudança importante ou serviço de TI que se torna obsoleto. Corresponde à informação passada para a Transição de Serviço para permitir a implementação de um novo serviço.

Questão 13: Publicação Desenho de Serviço - Modelos de fornecimento de serviços.

Alternativa correta: D

Os modelos de fornecimento de serviços podem ser *Insourcing* (fornecimento interno), Outsourcing (fornecimento externo), *Co-sourcing, Partnership* (parceria), *Business Process Outsourcing* (terceirização de Processos de Negócios), *Application Service Provider* (provedor de serviço de aplicativo) e *Knowledge Process Outsourcing* (terceirização de processos de conhecimento).

Capítulo 8 Simulado 6 • **193**

Questão 14: Publicação Desenho de Serviço – Processo de Gerenciamento de Nível de Serviço - Acordo de Nível de Serviço.

Alternativa correta: D

A) Incorreta: Acordo de Nível Operacional é um acordo firmado entre um provedor de serviço de TI e outra parte da mesma organização, que dá apoio à entrega, pelo provedor de serviço de TI, de serviços de TI a clientes e define os produtos ou serviços a serem fornecidos e as responsabilidades de ambas as partes.

B) Incorreta: Contrato de Apoio é um contrato entre um provedor de serviço de TI e um terceiro. O terceiro fornece produtos ou serviços que são necessários para a execução de um serviço de TI a um cliente.

C) Incorreta: Não há referência na ITIL® v3 ao termo Contrato de Serviço.

D) **Correta:** Acordo de Nível de Serviço é um acordo entre um provedor de serviço de TI e um cliente, que descreve o serviço de TI, documenta metas de Nível de Serviço e especifica as responsabilidades do provedor de serviço de TI e do cliente. Um único acordo pode cobrir múltiplos serviços de TI ou múltiplos clientes.

Questão 15: Publicação Desenho de Serviço – Processo de Gerenciamento de Nível de Serviço - Acordo de Nível de Serviço Baseado em Serviço.

Alternativa correta: A

A) **Correta:** Um Acordo de Nível de Serviço que cobre um serviço para todos os clientes desse serviço é conhecido como Acordo de Nível de Serviço Baseado em Serviço.

B) Incorreta: Acordo de Nível Operacional é um acordo firmado entre um provedor de serviço de TI e outra parte da mesma organização, que dá apoio à entrega, pelo provedor de serviço de TI, de serviços de TI a clientes e define os produtos ou serviços a serem fornecidos e as responsabilidades de ambas as partes.

C) Incorreta: O Acordo de Nível de Serviço Baseado em Cliente é um acordo com um cliente individual ou grupo de clientes que cobre todos os serviços que eles utilizam.

194 • ITIL Foundation

D) Incorreta: Um Acordo de Nível de Serviço Multinível possui sua estrutura em três camadas: Nível Corporativo, Nível do Cliente e Nível do Serviço.

Questão 16: Publicação Desenho de Serviço – Conceitos do Gerenciamento de Nível de Serviço – Contrato de Apoio.

Alternativa correta: A

De forma geral, os conteúdos encontrados em um Contrato de Apoio são termos e condições básicas, descrição e escopo do contrato e responsabilidades e dependências.

O nome do provedor interno não existirá em um Contrato de Apoio, já que esse tipo de contrato é feito com um provedor externo (terceiro).

Questão 17: Publicação Desenho de Serviço – Processo de Gerenciamento de Disponibilidade - Sistema de Informação do Gerenciamento de Disponibilidade.

Alternativa correta: A

A) **Correta:** O Sistema de Informação do Gerenciamento de Disponibilidade (*Availability Management Information System*) é um conjunto de ferramentas, dados e informações que é usado para dar suporte ao Gerenciamento de Disponibilidade. É um repositório virtual contendo todos os dados do Gerenciamento da Disponibilidade, usualmente armazenados em múltiplas localizações físicas.

B) Incorreta: Biblioteca de Mídia Definitiva é uma ou mais localidades em que as versões definitivas e autorizadas de todos os Itens de Configuração de software são armazenadas de maneira segura.

C) Incorreta: Provedor de Serviço de Aplicativo é um provedor de serviço externo que provê serviços de TI usando aplicativos executados dentro das dependências do provedor de serviço.

D) Incorreta: Sistema de Gerenciamento da Configuração é um conjunto de ferramentas, dados e informações que é usado para dar suporte ao Gerenciamento de Configuração e de Ativo de Serviço.

Capítulo 8   Simulado 6   •   **195**

Questão 18: Publicação Desenho de Serviço – Processo de Gerenciamento de Capacidade - Gerenciamento de Capacidade de Serviço.

Alternativa correta: C

A) Incorreta: O Gerenciamento de Capacidade de Componente é o subprocesso do Gerenciamento de Capacidade responsável pelo entendimento da capacidade, uso e desempenho dos Itens de Configuração.
B) Incorreta: O Gerenciamento de Capacidade do Negócio é o subprocesso do Gerenciamento de Capacidade responsável pelo entendimento de requisitos de Negócio futuros para uso no Plano da Capacidade.
C) **Correta:** O Gerenciamento de Capacidade de Serviço é o subprocesso de Gerenciamento de Capacidade responsável pelo entendimento do desempenho e da capacidade dos serviços de TI, garantindo o desempenho de todos os serviços de ponta a ponta.
D) Incorreta: Não há na ITIL® v3 referência a Gerenciamento de Capacidade de Processo.

Questão 19: Publicação Desenho de Serviço – Processo de Gerenciamento de Continuidade de Serviço de TI.

Alternativa correta: A

A estratégia da Continuidade de Serviço de TI deve ser baseada na estratégia de Continuidade do Negócio, na análise de impacto no Negócio e na avaliação de risco.

Questão 20: Publicação Desenho de Serviço – Processo de Gerenciamento de Segurança da Informação - Sistema de Gerenciamento da Segurança da Informação.

Alternativa correta: B

A) Incorreta: O Sistema de Informação do Gerenciamento de Disponibilidade (*Availability Management Information System*) é um conjunto de ferramentas, dados e informações que é usado para dar suporte ao Gerenciamento

196 • ITIL Foundation

de Disponibilidade. É um repositório virtual contendo todos os dados do Gerenciamento da Disponibilidade, usualmente armazenados em múltiplas localizações físicas.

B) **Correta:** Sistema de Gerenciamento da Segurança da Informação é a estrutura de políticas, processos, funções, normas, orientações e ferramentas que garantem que uma organização possa atingir os seus objetivos de gerenciamento de segurança da informação.

C) Incorreta: Sistema de Informação do Gerenciamento de Segurança é um conjunto de ferramentas, dados e informações que é usado para dar suporte ao Gerenciamento de Segurança da Informação.

D) Incorreta: Sistema de Informação do Gerenciamento de Disponibilidade é um repositório virtual contendo todos os dados do Gerenciamento de Capacidade, usualmente armazenados em múltiplas localizações físicas.

Questão 21: Publicação Desenho de Serviço – Processo de Gerenciamento de Fornecedor – Fornecedor interno, externo e compartilhado.

Alternativa correta: A

Os provedores de serviço podem ser:

- *Internal Service Provider* (interno) – existe dentro da empresa apenas para atender uma determinada unidade de Negócio, ou seja, existe uma unidade de TI para cada filial da organização. É um provedor de serviço de TI que é parte da mesma organização do seu cliente.
- *Shared Service Provider* (Compartilhado) – Atende várias unidades de Negócio dentro da empresa, ou seja, ocorre quando existe uma unidade de TI para atender todas as unidades de Negócio ou filiais da organização.
- *External Service Provider* (Externo) – Opera como um provedor de serviços externo, atendendo vários clientes externos, ou seja, usa um fornecedor externo, uma TI que não faz parte da organização. É um provedor de serviço de TI que é parte de uma organização diferente do seu cliente.

Capítulo 8   Simulado 6   •   **197**

Questão 22: Publicação Transição de Serviço - Processo de Gerenciamento de Mudança – Tipos de mudança.

Alternativa correta: B

Os tipos de mudança são Mudança Normal (*Normal Change*), Mudança Emergencial (*Emergency Change*) e Mudança Padrão (*Standard Change*).

Mudança Normal (*Normal Change*) é uma mudança complexa, que apresenta riscos desconhecidos e segue procedimentos ou instruções de trabalho não padronizados.

Mudança Emergencial (*Emergency Change*) é uma mudança que deve ser implementada o mais rápido possível.

Mudança Padrão (*Standard Change*) é uma mudança pré-aprovada pelo processo de Gerenciamento de Mudança que possui procedimentos preestabelecidos já aceitos.

Questão 23: Publicação Transição de Serviço - Processo de Gerenciamento de Mudança - Comitê Consultivo de Mudanças Emergenciais.

Alternativa correta: D

O Comitê Consultivo de Mudança Emergencial (*Emergency Change Advisory Board*) é um subgrupo do Comitê Consultivo de Mudança que toma decisões sobre mudanças emergenciais. Os membros podem ser nomeados no momento da convocação da reunião e depende da natureza da mudança emergencial.

Os termos descritos nas alternativas A, B e C não são definidos na ITIL® v3.

Questão 24: Publicação Transição de Serviço - Processo de Gerenciamento de Mudança - Indicadores.

Alternativa correta: A

Os itens I, II e III representam Indicadores-Chave de Desempenho do processo de Gerenciamento de Mudança, pois podem ser usados para medir a obtenção de fatores críticos de sucesso. Já o número total de mudanças não representa um Indicador-Chave de Desempenho.

198 • ITIL Foundation

Um Indicador-Chave de Desempenho (*Key Performance Indicator*) é uma métrica que é usada para ajudar a gerenciar um serviço, processo, plano, projeto ou outra atividade de TI. São usados para medir a obtenção de fatores críticos de sucesso. Várias métricas podem ser mensuradas, mas somente as mais importantes são definidas como Indicadores-Chave de Desempenho e usadas para gerenciar e reportar ativamente sobre o processo, o serviço ou a atividade de TI. Convém que esses indicadores sejam selecionados para garantir que a eficiência, a eficácia e a eficácia de custo sejam todas gerenciadas.

Questão 25: Publicação Transição de Serviço – Processo de Gerenciamento de Configuração e de Ativos de Serviço – Item de Configuração.

Alternativa correta: A

A) **Correta:** Item de Configuração é qualquer componente ou outro ativo de serviço que precise ser gerenciado de forma a entregar um serviço de TI.

B) Incorreta: *deliverable* (entregável) é algo que deve ser fornecido para atender um compromisso em um Acordo de Nível de Serviço ou um contrato.

C) Incorreta: evento é uma mudança de estado que possui significado para o gerenciamento de um serviço de TI.

D) Incorreta: *dashboard* é uma representação gráfica da disponibilidade e desempenho de um serviço de TI.

Questão 26: Publicação Transição de Serviço – Processo de Gerenciamento de Configuração e de Ativos de Serviço - Biblioteca de Mídia Definitiva.

Alternativa correta: A

A) **Correta:** Biblioteca de Mídia Definitiva é uma ou mais localidades em que as versões definitivas e autorizadas de todos os Itens de Configuração de software são armazenadas de maneira segura.

B) Incorreta: Sobressalentes Definitivos (*Definitive Spares*) é uma área para atendimento local, separada do Depósito Seguro onde deve ser mantido um estoque de sobressalentes de hardware.

C) Incorreta: Não há na ITIL® v3 referência a Catálogo de Hardware e Software.

Capítulo 8   Simulado 6   •   **199**

D) Incorreta: Não há na ITIL® v3 referência à Base de Dados de Aplicativo.

Questão 27: Publicação Transição de Serviço – Processo de Gerenciamento de Liberação e de Implantação - Unidade de Liberação.

Alternativa correta: D

Unidade de Liberação corresponde a componentes de um serviço de TI ou infraestrutura que são normalmente liberados em conjunto. Uma Unidade de Liberação normalmente inclui os componentes necessários para executar uma função útil. Por exemplo, uma unidade de liberação pode ser um computador pessoal de mesa, incluindo hardware, software, licenças, documentação etc. Pode ser também o aplicativo de folha de pagamento completo, incluindo procedimentos de operações de TI e treinamento de usuário.

O item III não corresponde a uma Unidade de Liberação porque está afirmando que o componente de hardware é tratado e liberado isoladamente.

Questão 28: Publicação Transição de Serviço – Processo de Gerenciamento de Liberação e de Implantação - Modelo V.

Alternativa correta: C

A) Incorreta: Um Modelo de Maturidade estabelece uma medida de confiabilidade, eficiência e eficácia de um processo, função, organização etc.

B) Incorreta: Modelo Kano é um modelo desenvolvido por Noriaki Kano que é usado para compreender as preferências do cliente. O modelo Kano considera atributos de um serviço de TI agrupados em áreas tais como fatores básicos, fatores de entusiasmo, fatores de desempenho etc.

C) **Correta:** O Modelo V define critérios de aceitação para requisitos estabelecidos e que relaciona os diferentes níveis de configuração para a construção, testes e validação, de acordo com a especificação de requisitos de serviço. É utilizado para realizar níveis de testes necessários para entregar capacidade de serviço.

D) Incorreta: Modelo de Serviço é um modelo que mostra como os ativos de serviço interagem com ativos de cliente para criar valor.

200 • ITIL Foundation

Questão 29: Publicação Transição de Serviço – Processo de Gerenciamento de Conhecimento.

Alternativa correta: C

O processo de Gerenciamento de Conhecimento é responsável por compartilhar perspectivas, ideias, experiência e informações, e por garantir que estejam disponíveis no lugar certo, no momento certo. O processo de gerenciamento de conhecimento possibilita a tomada de decisões bem informadas e melhora a eficiência, reduzindo a necessidade de redescobrir o conhecimento. Basicamente, esse processo cuida do que chamamos de "Lições aprendidas".

Questão 30: Publicação Operação de Serviço – Conceitos básicos.

Alternativa correta: A

Não só a Operação de Serviço, mas as demais fases do ciclo de vida do serviço devem manter o equilíbrio entre a visão interna de TI e a visão externa do Negócio.

Questão 31: Publicação Operação de Serviço – Processo de Gerenciamento de Evento – Conceitos e definições.

Alternativa correta: D

Alerta e um aviso de que um limiar foi atingido, que algo mudou ou que uma falha ocorreu. São, frequentemente, criados e gerenciados por sistemas de gerenciamento (ferramentas) e são tratados no processo de Gerenciamento de Evento.

Evento é qualquer ocorrência detectável ou perceptível que tenha significado para o Gerenciamento da Infraestrutura de TI. Esse termo é também utilizado para identificar um alerta ou notificação criada por qualquer serviço de TI, Item de Configuração ou Ferramenta de Monitoração. Tipicamente, requerem profissionais de Operação de TI na tomada de decisões e frequentemente requerem a abertura de registro de incidentes.

Capítulo 8 Simulado 6 • **201**

Questão 32: Publicação Operação de Serviço – Processo de Gerenciamento de Incidente

Alternativa correta: A

Todos os itens estão corretos.

O processo de Gerenciamento de Incidente deve tratar eventos comunicados diretamente pelos usuários através da Central de Serviços, eventos identificados através de ferramentas de monitoração de eventos com interface para o Gerenciamento de Incidente e incidentes reportados pelo pessoal técnico.

Questão 33: Publicação Operação de Serviço – Processo de Gerenciamento de Incidente – Modelo de Incidente.

Alternativa correta: B

Modelo de Incidente é uma forma de predefinir os passos que devem ser seguidos para manusear um incidente, de uma maneira acordada, é conhecido como

Questão 34: Publicação Operação de Serviço – Gerenciamento de Problema - Banco de Dados de Erros Conhecidos.

Alternativa correta: B

Banco de Dados de Erros Conhecidos (*Known Error Database*) é um banco de dados que contém todos os registros de erros conhecidos. Esse banco de dados é criado pelo Gerenciamento de Problema e é usado pelo Gerenciamento de Incidente e pelo Gerenciamento de Problema. Pode ser parte do Sistema de Gerenciamento de Configuração ou pode ser armazenado em outro lugar do Sistema de Gerenciamento de Conhecimento de Serviço.

202 • ITIL Foundation

Questão 35: Publicação Operação de Serviço – Função Central de Serviços.

Alternativa correta: B

A) Incorreta: A Função Central de Serviços recebe incidentes e faz o registro, classificação e atendimento em primeiro nível, porém, não busca a causa-raiz de problemas e nem dá suporte em segundo nível.

B) **Correta:** A Função Central de Serviços provê um ponto único de contato para clientes e usuários a fim de gerenciar a resolução de incidentes e assuntos relacionados ao suporte.

C) Incorreta: A Função Central de Serviços não é proprietária de processos.

D) Incorreta: A Função Central de Serviços fornece investigação e diagnóstico apenas em primeiro nível.

Questão 36: Publicação Operação de Serviço – Função Central de Serviços – Central de Serviço Virtual

Alternativa correta: D

A) Incorreta: Local é uma modalidade de Central de Serviço para suportar as necessidades locais do Negócio.

B) Incorreta: Uma modalidade de Central de Serviço ao redor do mundo para prover serviços em regime 24/7 de forma transparente, onde chamadas, incidentes, problemas e requisições de serviço são encaminhados entre os grupos que estão em diferentes fusos horários é conhecida como Siga o Sol.

C) Incorreta: Centralizada é uma modalidade de Central de Serviço onde todos os serviços são registrados em uma localidade física central.

D) **Correta:** Virtual é uma modalidade de Central de Serviço em que múltiplas Centrais de Serviço são percebidas como uma só, utilizadas pelos usuários e clientes em qualquer parte do mundo. As considerações para implementação são utilização de processos, procedimentos e terminologia comuns, idioma comum e as ferramentas de suporte devem permitir visões, de acordo com o perfil, região etc.

Capítulo 8   Simulado 6   •   **203**

Questão 37: Publicação Operação de Serviço – Função Gerenciamento Técnico.

Alternativa correta: C

A) Incorreta: A Função Central de Serviços provê um ponto único de contato para clientes e usuários a fim de gerenciar a resolução de incidentes e assuntos relacionados ao suporte.

B) Incorreta: A Função Gerenciamento de Operações de TI é a função dentro de um provedor de serviço de TI que realiza as atividades diárias necessárias para o gerenciamento de um ou mais serviços de TI e da infraestrutura de TI de que eles dependem.

C) **Correta:** A Função Gerenciamento Técnico é responsável por fornecer habilidades técnicas para o suporte de serviços de TI e o gerenciamento de infraestrutura de TI com objetivo de apoiar o planejamento e implementar e manter infraestrutura técnica para suportar os Processos de Negócio.

D) Incorreta: A Função Gerenciamento de Aplicativo é a função responsável por gerenciar aplicativos durante os seus ciclos de vida.

Questão 38: Publicação Melhoria Contínua de Serviço.

Alternativa correta: A

A) **Correta:** A publicação Melhoria Contínua de Serviço garante que os serviços estejam alinhados com as necessidades do Negócio em mudança por meio da identificação e da implementação de melhorias para os serviços de TI que suportam os Processos de Negócio.

B) Incorreta: Esta alternativa define a publicação Estratégia de Serviço.

C) Incorreta: Esta alternativa define a publicação Estratégia de Serviço.

D) Incorreta: Esta alternativa define a publicação Transição de Serviço.

204 • ITIL Foundation

Questão 39: Publicação Melhoria Contínua de Serviço - Processo de Melhoria de Sete Etapas.

Alternativa correta: B

A) Incorreta: Relato do Serviço e Medição do Serviço não são etapas do processo de Melhoria de Sete Etapas.

B) **Correta:** A Melhoria Contínua de Serviço inclui o processo de Melhoria de Sete Etapas. Esse processo é responsável pela definição e gerenciamento das etapas necessárias para identificar, definir, coletar, processar, analisar, apresentar e implementar melhorias.

C) Incorreta: A descrição fornecida tem a ver com medição do serviço, não com o processo de Melhoria em 7 Etapas.

D) Incorreta: O processo de Melhoria em 7 Etapas não foi criado a partir das técnicas de controle de qualidade do CMMI e utiliza não utiliza a ISO 9000.

Questão 40: Publicação Melhoria Contínua de Serviço - Registro da MCS.

Alternativa correta: C

Registro da MCS (*CSI register*) é um banco de dados ou documento estruturado usado para registrar e gerenciar as oportunidades de melhoria em todo o seu ciclo de vida.

MCS é a sigla de Melhoria Contínua de Serviço.

Capítulo 9

Simulado 7

Entenda a relação da Melhoria Continuada de Serviço com as etapas do ciclo de vida do serviço

A Melhoria Continua de Serviço estabelece um círculo contínuo de monitoramento e *feedback*, encontrando oportunidades de melhoria em todas as fases do ciclo de vida do serviço. O processo de melhoria continuada é o Processo de Melhoria de Sete Etapas.

Dica: Liste as etapas do processo de Melhora de Sete Etapas e identifique em que fase do ciclo de vida há maior relação com cada uma das etapas listadas.

Simulado

1) Consiste em um objetivo da ITIL®:

A) estabelecer e melhorar as capacidades no gerenciamento de serviços de TI.
B) prover as melhores práticas no gerenciamento de projetos de TI.
C) estabelecer um padrão formal para organizações que buscam ter as capacidades do gerenciamento de serviços auditadas e certificadas.
D) estabelecer regras rígidas para a prestação de serviços de TI com qualidade.

2) É um conjunto de atividades que combina recursos e habilidades para realizar um objetivo específico e que direta ou indiretamente criam valor para o cliente. Pode definir normas, políticas, recomendações, atividades e instruções de trabalho.
A definição acima se refere a:
A) métrica.
B) processo.

206 • ITIL Foundation

C) função.
D) papel.

3) A Matriz de Atribuição de Responsabilidade (RPCI ou RACI):

A) tem como objetivo garantir que as políticas e estratégias sejam realmente implementadas e que os processos requeridos estejam sendo corretamente seguidos.
B) é o modelo mais útil para auxiliar na definição de uma estrutura organizacional, definindo papéis e responsabilidades de cada indivíduo frente às atividades de um processo.
C) é utilizada para gerenciar aplicativos durante os seus ciclos de vida, atribuindo a cada um uma nota que define sua importância para o serviço ou Negócio.
D) é utilizada apenas para auxiliar na avaliação formal de um serviço de TI novo ou alterado para garantir que os riscos tenham sido gerenciados.

4) Sobre a automação de serviços, considere:
I. Possibilita melhorar a utilidade e garantia dos serviços.
II. Permite que o ajuste da capacidade de recursos automatizados seja feito mais rapidamente, agilizando a resposta à demanda.
III. Possibilita medir e melhorar processos de serviço (custo, qualidade, variação dos níveis de conhecimento etc.).
IV. Permite que áreas como desenho e modelagem, geração de relatório, análise e reconhecimento de padrões, detecção e monitoração e catálogo de serviços sejam beneficiadas.

Está correto o que se afirma em:
A) I, II, III e IV.
B) I e II, apenas.
C) II e IV, apenas.
D) I e IV, apenas.

5) NÃO é um tópico abordado na publicação Estratégia de Serviço:
A) gerenciamento financeiro.
B) gerenciamento de portfólio de serviços.

Capítulo 9   Simulado 7   •   207

C) gerenciamento de demanda.
D) gerenciamento de catálogo de serviços.

6) NÃO é uma atividade da Estratégia de Serviço:
A) Definir Mercado.
B) Desenvolver Ofertas.
C) Desenvolver Ativos Estratégicos.
D) Entregar e Suportar Serviços.

7) O processo de Gerenciamento Financeiro para Serviços de TI visa:

A) estabelecer uma base de decisão no direcionamento de estratégias e gerenciamento de investimentos em serviços.
B) garantir um nível adequado de fundos para o desenho, desenvolvimento e entrega de serviços que atendam de forma eficaz à estratégia da organização no que diz respeito a custos.
C) definir a estratégia da organização e garantir o alcance dos resultados de Negócio esperados.
D) garantir a manutenção de um relacionamento positivo com os clientes, antecipando suas necessidades.

8) Considere as questões:
I.   Quais serviços oferecer e para quem?
II. Como se diferenciar dos competidores?
III. Como criar valor real para os clientes?
IV. Como colocar o serviço no ambiente de produção sem grande impacto para os usuários?

São questões comuns relacionadas à publicação Estratégia de Serviço o que consta APENAS em:

A) I, II e III.
B) II e III.
C) I e II.
D) III.

208 • ITIL Foundation

9) Qual dos papéis abaixo não existe na ITIL® v3?

A) Gerente de Portfólio de Serviço.
B) Gerente do Catálogo de Serviço.
C) Gerente de Disponibilidade.
D) Gerente de Fornecedores.

10) Um banco de dados ou documento estruturado com informações sobre todos os serviços de TI de produção, incluindo aqueles disponíveis para implantação é chamado de:

A) Pacote de Serviços.
B) Base de Dados de Fornecedor e Contrato.
C) Modelo de Configuração.
D) Catálogo de Serviço.

11) O processo responsável por garantir que a capacidade dos serviços de TI e a infraestrutura de TI sejam capazes de atender aos requisitos relacionados à capacidade e ao desempenho acordados de maneira oportuna e eficaz em custo é o processo de:

A) Gerenciamento de Capacidade.
B) Gerenciamento de Disponibilidade.
C) Gerenciamento de Continuidade de Serviço de TI.
D) Gerenciamento de Mudança.

12) A publicação Desenho de Serviço orienta, principalmente, sobre o desenho de:
I.   serviços novos ou melhorados.
II. arquitetura tecnológica.
III. processos e sistemas de mensuração.
IV. ferramentas e sistemas de gerenciamento de serviço.

Está correto o que se afirma em:
A) I, II, III e IV.
B) III e IV, apenas.

Capítulo 9 Simulado 7 • **209**

C) II e III, apenas.
D) I, apenas.

13) A fase do ciclo de vida que é responsável por garantir que os métodos de medição oferecerão as métricas necessárias para serviços novos ou modificados é a fase de:

A) Operação de Serviço.
B) Desenho de Serviço.
C) Estratégia de Serviço.
D) Melhoria Contínua de Serviço.

14) Considere os acordos a seguir:

I. Um acordo entre o provedor de serviço de TI e o departamento de compras para obter hardware dentro de um prazo acordado.
II. Um acordo entre a Central de Serviço e um grupo de suporte para fornecer resolução de incidente dentro de um prazo acordado.

Sobre os dois exemplos de acordo, apresentados acima, é correto afirmar que:

A) o acordo I é de Nível Operacional e o acordo II de Nível Gerencial.
B) o acordo I é de Nível de Serviço e o acordo II de Nível Operacional.
C) ambos são considerados Acordos de Nível de Serviço.
D) ambos são Acordos de Nível Operacional.

15) NÃO é uma categoria de fornecedor:

A) Estratégico.
B) Integrado.
C) Operacional.
D) Commodity.

16) Os Acordos de Nível de Serviço podem ser: Baseado em Serviço, Baseado em Cliente e:

210 • ITIL Foundation

A) Baseado em Produto.
B) Baseado em Contrato.
C) Baseado em Estimativa.
D) Multinível.

17) Considere os termos a seguir relacionados ao processo de Gerenciamento de Nível de Serviço da publicação Desenho de Serviço:

I. Requisito de Nível de Serviço (*Service Level Requirement*) – é um requisito do cliente para um aspecto de um serviço de TI. Esse tipo de requisito é baseado em objetivos de Negócio e usado para negociar metas de Nível de Serviço acordadas.
II. Gráfico MANS (SLAM chart) – gráfico de monitoração do Acordo de Nível de Serviço que é utilizado para ajudar a monitorar e reportar resultados atingidos em comparação com metas de nível de serviço estabelecidas.
III. Programa de Melhoria de Serviço (*Service Improvement Plan*) - é um plano formal para implementar melhorias a um processo ou serviço de TI.
IV. Análise de Impacto de Negócio (*Business Impact Analysis*) – é uma análise que visa quantificar o impacto para o Negócio da perda de um serviço.

Está correto o que se afirma APENAS em:
A) I e II.
B) I, II e III.
C) II.
D) III e IV.

18) São indicadores considerados importantes, que são usados para gerenciar e reportar ativamente sobre o processo, o serviço ou uma atividade de TI, para medir a obtenção de fatores críticos de sucesso e para garantir que a eficiência, a eficácia e a eficácia de custo sejam todas gerenciadas. Também são usados para julgar a eficiência e a efetividade das atividades do Gerenciamento de Nível de Serviço e o progresso do Plano de Melhorias de Serviço.

Os indicadores citados no texto são conhecidos como:
A) Indicadores Alfa.
B) Indicadores-Chave de Desempenho.
C) Indicadores Beta.
D) Indicadores de Alta Performance.

19) Considere:
I.   Uma porta aberta no *firewall* do Sistema Operacional.
II. Uma senha que nunca foi trocada.
III. Incêndio e inundação.
IV. Uma parede com material inflamável.

São exemplos de vulnerabilidades o que consta APENAS em:
A) I, II e IV.
B) II e III.
C) II.
D) IV.

20) Considere as ações:
I.   Receber, registrar e determinar prioridade de mudanças.
II. Rejeitar Requisições de Mudança impraticáveis.
III. Convocar e presidir reuniões do Comitê Consultivo de Mudanças e Comitê Consultivo de Mudanças Emergenciais.
IV. Publicar programa de mudanças via Central de Serviços.

É responsabilidade do Gerente de Mudança o que consta em:
A) I, II, III e IV.
B) I e II, apenas.
C) III e IV, apenas.
D) I, II e III, apenas.

21) O documento que inclui uma descrição de alto nível de uma potencial introdução de serviço ou mudança significativa, junto com um caso de Negócio correspondente e um cronograma da implementação esperada é conhecido como:

212 • ITIL Foundation

A) Proposta de Mudança.
B) Contrato de Mudança.
C) Acordo de Mudança.
D) Certificado de Mudança.

22) Uma mudança complexa, que apresenta riscos desconhecidos e segue procedimentos ou instruções de trabalho ainda não padronizados é conhecida como:

A) Mudança Normal.
B) Mudança Emergencial.
C) Mudança Padrão.
D) Mudança Operacional.

23) Os Itens de Configuração estão sob o controle do:

A) Gerenciamento de Configuração e de Ativos de Serviço.
B) Gerenciamento de Capacidade.
C) Gerenciamento de Demanda.
D) Gerenciamento de Mudança.

24) _____ são uma forma repetível de lidar com uma categoria de mudança específica. Define etapas predefinidas que serão seguidas para uma mudança dessa categoria. Podem ser muito complexos, com várias etapas que requerem autorização (por exemplo, uma importante liberação de software) ou podem ser bem simples, sem necessidade de autorização (por exemplo, uma mudança de senha).

A lacuna é preenchida corretamente com:
A) Padrões de Mudança.
B) Controle de Mudança.
C) Modelos de Mudança.
D) Gestão de Mudança.

Capítulo 9 Simulado 7 • **213**

25) No Gerenciamento de Configuração e de Ativo de Serviço um Relacionamento:

A) é a interação entre o provedor de serviço de TI e o Negócio.
B) é a ligação entre Itens de Configuração que identifica a dependência ou conexão entre eles e descreve como eles funcionam em conjunto para entregar serviço.
C) é a interligação entre os processos e os serviços de TI que mostra antecipadamente os benefícios de tal ligação.
D) é a interação entre componentes de hardware e de software que ocorre na utilização de um serviço.

26) O Modelo de Liberação de um serviço incluindo abordagem, mecanismos, processos e recursos necessários para a construção e implantação da liberação é definido no:

A) Pacote de Desenho de Serviço.
B) Funil de Serviço.
C) Catálogo de Serviço.
D) Modelo de Serviço.

27) É um conjunto de ferramentas, dados e informações que é usado para dar suporte ao Gerenciamento de Configuração e de Ativo de Serviço. É parte de um Sistema de Gerenciamento de Conhecimento de Serviço e inclui ferramentas para coletar, armazenar, gerenciar, atualizar, analisar e apresentar dados sobre todos os Itens de Configuração e os seus relacionamentos. Pode incluir também informações sobre incidentes, problemas, erros conhecidos, mudanças e liberações.

O texto descreve o:
A) Sistema de Gerenciamento de Segurança da Informação.
B) Sistema de Gerenciamento da Configuração.
C) Sistema de Informação de Gerenciamento de Capacidade.
D) Sistema de Informação de Gerenciamento de Fornecedor e Contrato.

214 • ITIL Foundation

28) NÃO é um processo da publicação Operação de Serviço:

A) Gerenciamento de Evento.
B) Gerenciamento Técnico.
C) Gerenciamento de Incidente.
D) Gerenciamento de Acesso.

29) Solução de Contorno é a redução ou eliminação do impacto de um incidente ou problema para o qual uma resolução completa ainda não está disponível, por exemplo, reiniciar um Item de Configuração com falha. Soluções de Contorno para problemas são documentadas nos __I__. As Soluções de Contorno para incidentes que não possuem um registro de problema associado são documentadas nos __II__.

As lacunas I e II são preenchidas correta e, respectivamente, por:
A) registros de erros conhecidos e registros de incidentes.
B) registro de problemas e registros de incidentes.
C) repositório de conhecimento e registros de problemas.
D) registro de incidente e registros de erros conhecidos.

30) Considere as atividades a seguir:
1. Identificar Incidente.
2. Registrar Incidente.
3. Categorizar Incidente.
4. Priorizar Incidente.
5. Diagnosticar Inicialmente.
6. Escalonar Incidente.
7. Investigar e Diagnosticar.
8. Resolver e Recuperar.
9. Descartar Incidentes de Menor Impacto.
10. Fechar Incidente.

NÃO é uma atividade do processo de Gerenciamento de Incidentes o que consta em:
A) 7.
B) 3.

Capítulo 9   Simulado 7   •   **215**

C) 6.
D) 9.

31) NÃO é um objetivo do Gerenciamento de Problema:

A) Prevenir problemas e incidentes resultantes.
B) Eliminar incidentes recorrentes.
C) Fornecer investigação e diagnóstico em primeiro nível e restaurar o serviço utilizando uma Solução de Contorno.
D) Encontrar a causa-raiz do problema e aplicar uma solução definitiva para a solução do problema.

32) O melhor exemplo de uma Solução de Contorno é:

A) Um técnico tenta várias abordagens para resolver um incidente e uma delas funciona, embora sem que se saiba por que.
B) O usuário trabalha em tarefas alternativas enquanto um problema é identificado e resolvido.
C) Um dispositivo funciona de maneira intermitente, permitindo que o usuário continue a trabalhar com níveis de desempenho abaixo do normal.
D) Um técnico executa um roteiro para, temporariamente, desviar as impressões para uma impressora alternativa.

33) Considere os itens a seguir relacionados a Função Central de Serviços:
I.   Representa o fornecedor de serviço para o cliente e para o usuário interno ou externo.
II.   Opera baseado no princípio de que a satisfação e a percepção do cliente são críticas.
III. Depende da combinação de pessoas, processos e tecnologia para entregar o serviço ao Negócio.
IV.   Manipula, profissionalmente, grandes volumes de ligações telefônicas para suportar serviço de televendas.

Sobre a Função Central de Serviços é implementada como *Service Desk*, é correto o que consta nos itens:

216 • ITIL Foundation

A) I, II, III e IV.
B) I, II e III, apenas.
C) II e IV, apenas.
D) III e IV, apenas.

34) A Central de Serviços pode ser implementada nas modalidades de:

A) *Call Center*, *Help Desk* e *Service Desk*.
B) *Data Center*, *Call Center* e *Help Desk*.
C) *Call Center*, *Help Desk* e *Operation Center*.
D) *Call Center*, *Application Center* e *Service Desk*.

35) A publicação Operação de Serviço inclui as seguintes funções: Central de Serviço, Gerenciamento Técnico, Gerenciamento de Operações de TI e:

A) Gerenciamento de Aplicativo.
B) Gerenciamento de Conhecimento.
C) Gerenciamento de Fornecedores.
D) Gerenciamento do Relacionamento de Negócios.

36) O papel da Central de Serviço ocupado por usuários de Negócio que agem como um ponto de ligação com a TI em geral e com a Central de Serviço em particular é conhecido como:

A) Gerente da Central de Serviço.
B) Supervisor da Central de Serviço.
C) Analista da Central de Serviço.
D) Super Usuário.

37) NÃO é de responsabilidade da subfunção Controle de Operações da Função Gerenciamento de Operações de TI:

A) gerenciamento de consoles.
B) programação de *jobs*, *backup* e *restore*.
C) atividades de manutenção.
D) equipamentos de energia e resfriamento.

Capítulo 9 Simulado 7 • **217**

38) A ordem correta dos passos que devem ser seguidos no Processo de Melhoria de Sete Etapas é:

A) 1 - Identificar a estratégia de melhoria, 2 - Definir o que pode ser medido, 3 - Coletar os dados, 4 - Processar os dados, 5 - Analisar os dados, 6 - Apresentar e usar a informação, 7 - Implementar as ações corretivas.

B) 1 - Definir o que pode ser medido, 2 - Definir o que será medido, 3 - Coletar os dados, 4 - Analisar os dados, 5 - Processar os dados, 6 - Apresentar e usar a informação, 7 - Implementar as ações corretivas.

C) 1 - Definir o que pode ser medido, 2 - Definir o que será medido, 3 - Processar os dados, 4 - Coletar os dados, 5 - Analisar os dados, 6 - Apresentar e usar a informação, 7 - Implementar as ações corretivas.

D) 1 - Identificar a estratégia de melhoria, 2 - Definir o que será medido, 3 - Coletar os dados, 4 - Processar os dados, 5 - Analisar as informações/dados, 6 - Apresenta/usar a informação, 7 - Implementar as melhorias.

39) As fases do Ciclo de Deming são:

A) Planejar, Executar, Verificar e Agir.
B) Planejar, Executar, Alterar e Agir.
C) Programar, Executar, Validar e Agir.
D) Programar, Validar, Executar e Agir.

40) Considere os itens a seguir:

I. Validar decisões prévias.
II. Direcionar um conjunto de atividades sequenciais para atingir um objetivo.
III. Justificar, com uma evidência ou prova, sobre a necessidade de ações.
IV. Intervir, identificando ações corretivas.

As razões básicas para se monitorar e medir um processo ou serviço são apresentadas em:
A) I, II, III e IV.
B) I, II e IV, apenas.
C) III, apenas.
D) II, III e IV, apenas.

218 • ITIL Foundation

Gabarito do simulado 7

1	2	3	4	5	6	7	8	9	10
A	B	B	A	D	D	B	A	A	D
11	12	13	14	15	16	17	18	19	20
A	A	B	D	B	D	B	B	A	A
21	22	23	24	25	26	27	28	29	30
A	A	D	C	B	A	B	B	A	D
31	32	33	34	35	36	37	38	39	40
C	D	B	A	A	D	D	D	A	A

Correção do simulado 7

Questão 1: Objetivo da ITIL®

Alternativa correta: A

A) **Correta:** Um dos objetivos da ITIL® é estabelecer e melhorar as capacidades no gerenciamento de serviços de TI.
B) Incorreta: ITIL® não é voltado para o gerenciamento de projetos de TI, mas sim, ao gerenciamento de serviços. Quem trata do gerenciamento de projetos é, por exemplo, o guia PMBoK.
C) Incorreta: ITIL® não estabelece um padrão formal. A ISO 20000, baseada no ITIL® sim, estabelece um padrão formal para organizações que buscam ter as capacidades do gerenciamento de serviços auditadas e certificadas.
D) Incorreta: ITIL® não estabelece regras rígidas, mas sim recomendações para proporcionar um gerenciamento de serviços de qualidade.

Questão 2: Conceitos e definições da ITIL® - Processo.

Alternativa correta: B

A) Incorreta: Métricas referem-se a medidas utilizadas para medir aspectos referentes aos processos e serviços. Métricas não são atividades.
B) **Correta:** Processo é um conjunto de atividades que combinam recursos e habilidades para realizar um objetivo.

C) Incorreta: Função é um conceito que se refere a pessoas ou ferramentas que executam um processo, uma atividade ou uma combinação de processo e atividade. Função não é uma atividade.

D) Incorreta: papel é um conjunto de responsabilidades e autoridade concedidas a alguém. Um papel envolve atividades, mas não são atividades para a realização de objetivos específicos.

Questão 3: Conceitos e definições da ITIL® – Matriz RACI.

Alternativa correta: B

A) Incorreta: Quem tem como objetivo garantir que as políticas e estratégia sejam realmente implementadas e que os processos requeridos estejam sendo corretamente seguidos é a Governança e não a matriz RACI.

B) **Correta:** A matriz RACI (*Responsible, Accountable, Consulted e Informed*) descreve a participação de vários papéis e suas responsabilidades na realização das atividades de um processo auxiliando na definição de uma estrutura organizacional.

C) Incorreta: Quem gerencia aplicativos durante seus ciclos de vida é a função Gerenciamento de Aplicativo e não a matriz RACI.

D) Incorreta: A Matriz RACI é utilizada para definir papéis e responsabilidades de cada indivíduo frente às atividades de um processo e não na avaliação de um serviço para garantir que os riscos tenham sido gerenciados.

Questão 4: Conceitos e definições da ITIL® – Automação de serviços.

Alternativa correta: A

Todos os itens estão corretos. A automação de serviços traz um conjunto de vantagens para o Gerenciamento de Serviços de TI em diversas áreas de processos que podem ser beneficiadas com a automação de forma direta ou indireta. Dentre essas áreas estão desenho e modelagem, geração de relatório, análise e reconhecimento de padrões, detecção e monitoração, catálogo de serviços, classificação, priorização e direcionamento e otimização.

220 • ITIL Foundation

Questão 5: Publicação Estratégia de Serviço – Tópicos abordados.

Alternativa correta: D

Os tópicos abordados na publicação Estratégia de Serviço são: gerenciamento financeiro de TI, gerenciamento de portfólio de serviços, gerenciamento de demanda, ativos de serviço, desenvolvimento organizacional, riscos estratégicos etc.

O Gerenciamento de Catálogo de Serviços é descrito na publicação Desenho de Serviço.

Questão 6: Publicação Estratégia de Serviço - Atividades.

Alternativa correta: D

A) Incorreta: Definir Mercado é uma atividade da Estratégia de Serviço, que possui como subatividades: entender os clientes, as oportunidades e classificar e visualizar os serviços.

B) Incorreta: Desenvolver Ofertas é uma atividade da Estratégia de Serviço, que possui como subatividades: definir o espaço de mercado, definir os serviços baseado em resultados e cuidar do portfólio, funil e catálogo de serviços.

C) Incorreta: Desenvolver Ativos Estratégicos é uma atividade da Estratégia de Serviço, que possui como subatividades: gerenciar serviços como um sistema de controle e gerenciar serviços como um ativo estratégico.

D) **Correta:** Entregar e Suportar Serviços não são uma atividade da Estratégia de Serviço, mas sim da Operação de Serviço.

Questão 7: Publicação Estratégia de Serviço – Processo de Gerenciamento Financeiro para Serviços de TI.

Alternativa correta: B

A) Incorreta: Quem estabelece uma base de decisão no direcionamento de estratégias e gerenciamento de investimentos em serviços é o processo de Gerenciamento de Portfólio de Serviços.

B) **Correta:** O processo de Gerenciamento Financeiro para Serviços de TI apresenta recomendações para garantir um nível adequado de fundos para o desenho, desenvolvimento e entrega de serviços que atendam de forma eficaz à estratégia da organização no que diz respeito a custos. É o processo responsável pelo gerenciamento dos requisitos do planejamento orçamentário, da contabilidade e da cobrança de um provedor de serviços.

C) Incorreta: O processo que apresenta recomendações para definir a estratégia da organização e garantir o alcance dos resultados de Negócios esperados é o processo de Gerenciamento Estratégico de Serviços de TI.

D) Incorreta: O processo que apresenta recomendações para garantir a manutenção de um relacionamento positivo com os clientes, antecipando suas necessidades, é o processo de Gerenciamento de Relacionamento de Negócio.

Questão 8: Publicação Estratégia de Serviço - Questões.

Alternativa correta: A

Os itens I, II e III estão corretos. A pergunta contida no item IV não deve ser feita na Estratégia de Serviço, mas sim na Transição de Serviço. Por esse motivo, o item IV está incorreto.

As questões comuns relacionadas à publicação Estratégia de Serviço são:

Quais serviços oferecer e para quem?

Como se diferenciar dos competidores?

Como criar valor real para os clientes?

Como gerenciar os aspectos financeiros dos serviços?

Como definir a qualidade do serviço e como melhorá-la?

Como alocar recursos de forma eficiente através de um Portfólio de Serviços e como resolver conflitos de demanda entre eles?

Questão 9: Publicação Estratégia de Serviço - Gerente de Portfólio de Serviço.

Alternativa correta: A

222 • ITIL Foundation

A) **Correta:** O papel existente no Processo de Gerenciamento de Portfólio de Serviço é o de Gerente de Produto, não de o Gerente de Portfólio de Serviço.

B) Incorreta: O papel de Gerente de Catálogo de Serviço é parte do processo de Gerenciamento de Catálogo de Serviço.

C) Incorreta: O papel de Gerente de Disponibilidade é parte do processo de Gerenciamento de Disponibilidade.

D) Incorreta: O papel de Gerente de Fornecedores é parte do processo de Gerenciamento de Fornecedores.

Questão 10: Publicação Desenho de Serviço – Processo de Gerenciamento de Catálogo de Serviço – Catálogo de Serviço.

Alternativa correta: D

A) Incorreta: Pacote de Serviços é formado por dois ou mais serviços que foram combinados para oferecer uma solução a um tipo específico de necessidade do cliente ou para apoiar resultados de Negócio específicos.

B) Incorreta: Base de Dados de Fornecedor e Contrato é uma base de dados ou documento estruturado utilizado para gerenciar os contratos dos fornecedores através do seu ciclo de vida.

C) Incorreta: Modelo de Configuração apresenta uma visão dos serviços, ativos e infraestrutura, registrando, controlando e relatando versões, atributos e os relacionamentos entre os Itens de Configuração.

D) **Correta:** Catálogo de Serviço é um banco de dados ou documento estruturado com informações sobre todos os serviços de TI de produção, incluindo aqueles disponíveis para implantação.

Questão 11: Publicação Desenho de Serviço – Processo de Gerenciamento de Capacidade.

Alternativa correta: A

A) **Correta:** O processo de Gerenciamento de Capacidade da publicação Desenho de Serviço é responsável por garantir que a capacidade dos serviços de TI e a infraestrutura de TI sejam capazes de atender aos requisitos relacionados à capacidade e ao desempenho acordados de maneira oportuna e eficaz em custo.

Capítulo 9 Simulado 7 • 223

B) Incorreta: O processo de Gerenciamento de Disponibilidade é responsável por garantir que os serviços de TI atendam às necessidades atuais e futuras de disponibilidade do Negócio de uma maneira mais efetiva em custo e mais oportuna.

C) Incorreta: Gerenciamento de Continuidade de Serviço de TI responsável pelo gerenciamento de riscos que podem impactar os serviços de TI.

D) Incorreta: A grande preocupação do processo de Gerenciamento de Mudança é o controle no ciclo de vida dos serviços de todas as mudanças, permitindo que mudanças benéficas sejam feitas com o mínimo de interrupção aos serviços de TI.

Questão 12: Publicação Desenho de Serviço - Orientações.

Alternativa correta: A

A publicação Desenho de Serviço orienta, principalmente, sobre o desenho de serviços novos, melhorados ou alterações em serviços, arquitetura tecnológica, processos, métodos, métricas e sistemas de mensuração, ferramentas e sistemas de gerenciamento de serviço (especialmente o Portfólio de Serviços, incluindo o Catálogo de Serviços).

Questão 13: Publicação Desenho de Serviço - Métricas.

Alternativa correta: B

Na fase de Desenho de Serviço são desenhados serviços, processos, arquitetura tecnológica e sistemas de mensuração que garantem que os métodos de medição oferecerão as métricas necessárias para serviços novos ou modificados.

Questão 14: Publicação Desenho de Serviço – Conceitos do Gerenciamento de Nível de Serviço – Acordo de Nível de Serviço.

Alternativa correta: D

224 • ITIL Foundation

Os dois exemplos ilustram Acordos de Nível Operacional. Um Acordo de Nível Operacional é um acordo entre um provedor de serviço de TI e outra parte da mesma organização. Ele dá apoio à entrega, pelo provedor de serviço de TI, de serviços de TI a clientes e define os produtos ou serviços a serem fornecidos e as responsabilidades de ambas as partes.

Questão 15: Publicação Desenho de Serviço – Processo de Gerenciamento de Fornecedor – Categorias de fornecedor.

Alternativa correta: B

A ITIL® v3, atualizada em 2011, apresenta as seguintes categorias de fornecedores: Estratégico, Tático, Operacional e *Commodity*. Integrado não é uma das categorias apresentadas.

Questão 16: Publicação Desenho de Serviço – Processo de Gerenciamento de Nível de Serviço – Tipos de Acordos de Nível de Serviço.

Alternativa correta: D

Os Acordos de Nível de Serviço podem ser: Baseado em Serviço, Baseado em Cliente e Multinível.

Questão 17: Publicação Desenho de Serviço – Conceitos do Gerenciamento de Nível de Serviço.

Alternativa correta: B

Os itens I, II e III estão corretos e fazem parte dos conceitos relacionados ao processo de Gerenciamento de Nível de Serviço. Já o item IV, apesar de conceitualmente correto, faz parte do processo de Gerenciamento de Continuidade de Serviço de TI.

Capítulo 9 Simulado 7 • **225**

Questão 18: Publicação Desenho de Serviço – Conceitos do Gerenciamento de Nível de Serviço - Indicadores-Chave de Desempenho.

Alternativa correta: B

A) Incorreta: Não há na ITIL® v3 referência a Indicadores Alfa.

B) **Correta:** *Key Performance Indicator* (KPI) - Indicadores-Chave de Desempenho são indicadores usados para julgar a eficiência e a efetividade das atividades do Gerenciamento de Nível de Serviço e o progresso do Plano de Melhorias de Serviço. Várias métricas podem ser mensuradas, mas somente as mais importantes são definidas como Indicadores-Chave de Desempenho e usadas para gerenciar e reportar ativamente sobre o processo, o serviço ou a atividade de TI.

C) Incorreta: Não há na ITIL® v3 referência a Indicadores Beta.

D) Incorreta: Não há na ITIL® v3 referência a Indicadores de Alta Performance.

Questão 19: Publicação Desenho de Serviço – Processo de Gerenciamento de Continuidade de Serviço de TI.

Alternativa correta: A

Os itens I, II e IV descrevem vulnerabilidades. Já o item III, descreve uma ameaça, que pode explorar uma vulnerabilidade. Por exemplo, a ameaça de incêndio causado pelo fogo pode explorar a vulnerabilidade de uma parede com materiais inflamáveis.

Questão 20: Publicação Transição de Serviço - Processo de Gerenciamento de Mudança – Gerente de Mudança.

Alternativa correta: A

Todos os itens representam ações que são de responsabilidade do Gerente de Mudança, que é um papel do processo de Gerenciamento de Mudanças.

226 • ITIL Foundation

Questão 21: Publicação Transição de Serviço - Processo de Gerenciamento de Mudança - Proposta de Mudança.

Alternativa correta: A

Proposta de Mudança (*Change Proposal*) é um documento que inclui uma descrição de alto nível de uma potencial introdução de serviço ou mudança significativa, junto com um caso de Negócio correspondente e um cronograma da implementação esperada.

Questão 22: Publicação Transição de Serviço - Processo de Gerenciamento de Mudança – Mudança Normal.

Alternativa correta: A

A) **Correta:** Mudança Normal (*Normal Change*) é uma mudança complexa, que apresenta riscos desconhecidos e segue procedimentos ou instruções de trabalho não padronizados.
B) Incorreta: Mudança Emergencial (*Emergency Change*) é uma mudança que deve ser implementada o mais rápido possível.
C) Incorreta: Mudança Padrão (*Standard Change*) é uma mudança pré-aprovada pelo processo de Gerenciamento de Mudança que possui procedimentos preestabelecidos já aceitos.
D) Incorreta: Mudança Operacional não é um termo definido na ITIL® v3.

Questão 23: Publicação Transição de Serviço – Processo de Gerenciamento de Configuração e de Ativos de Serviço - Itens de Configuração.

Alternativa correta: D

Item de Configuração é qualquer componente ou outro ativo de serviço que precise ser gerenciado de forma a entregar um serviço de TI.

Os Itens de Configuração estão sob o controle do Gerenciamento de Mudança. Eles incluem tipicamente hardware, software, construções, pessoas e documentos formais tais como documentação de processos e Acordos de Nível de Serviço.

Capítulo 9 Simulado 7 • **227**

Questão 24: Publicação Transição de Serviço - Processo de Gerenciamento de Mudança – Modelo de Mudança.

Alternativa correta: C

Modelos de Mudança (*Change Model*) são uma forma repetível de lidar com uma categoria de mudança específica. Um Modelo de Mudança define etapas predefinidas que serão seguidas para uma mudança dessa categoria. Os Modelos de Mudança podem ser muito complexos, com várias etapas que requerem autorização (por exemplo, uma importante liberação de software) ou podem ser bem simples, sem necessidade de autorização (por exemplo, uma mudança de senha).

Questão 25: Publicação Transição de Serviço – Processo de Gerenciamento de Configuração e de Ativos de Serviço - Relacionamento.

Alternativa correta: B

No Gerenciamento de Configuração e de Ativo de Serviço um Relacionamento é a ligação entre Itens de Configuração que identifica a dependência ou conexão entre eles e descreve como eles funcionam em conjunto para entregar serviço.

Questão 26: Publicação Transição de Serviço – Processo de Gerenciamento de Liberação e de Implantação – Pacote de Desenho de Serviço.

Alternativa correta: A

O Pacote de Desenho de Serviço descreve o modelo de liberação (abordagem) de um serviço incluindo abordagem, mecanismos, processos e recursos necessários para a construção e implantação da liberação. Para implantar um serviço de TI podem ser utilizadas as abordagens: manual, automática, puxar e empurrar, liberação por fases e *big bang*.

228 • ITIL Foundation

Questão 27: Publicação Transição de Serviço – Processo de Gerenciamento de Configuração e de Ativos de Serviço - Sistema de Gerenciamento da Configuração.

Alternativa correta: B

A) Incorreta: Sistema de Gerenciamento de Segurança da Informação é a estrutura de políticas, processos, funções, normas, orientações e ferramentas que garantem que uma organização possa atingir os seus objetivos de gerenciamento de segurança da informação.

B) **Correta:** O *Sistema de Gerenciamento da Configuração* é um conjunto de ferramentas, dados e informações que é usado para dar suporte ao Gerenciamento de Configuração e de Ativo de Serviço. É parte de um Sistema de Gerenciamento de Conhecimento de Serviço e inclui ferramentas para coletar, armazenar, gerenciar, atualizar, analisar e apresentar dados sobre todos os Itens de Configuração e os seus relacionamentos. Pode incluir também informações sobre incidentes, problemas, erros conhecidos, mudanças e liberações.

C) Incorreta: Sistema de Informação de Gerenciamento de Capacidade é um conjunto de ferramentas, dados e informações que é usado para dar suporte ao Gerenciamento de Capacidade.

D) Incorreta: Sistema de Informação de Gerenciamento de Fornecedor e Contrato é um conjunto de ferramentas, dados e informações que é usado para dar suporte ao Gerenciamento de Fornecedor.

Questão 28: Publicação Operação de Serviço - Processos.

Alternativa correta: D

A publicação Operação de Serviço inclui os seguintes processos: Gerenciamento de Evento, Gerenciamento de Incidente, Gerenciamento de Problemas, Gerenciamento de Acesso e Cumprimento de Requisição. Gerenciamento Técnico é uma Função incluída na publicação Operação de Serviço, não um processo.

Questão 29: Publicação Operação de Serviço – Processo de Gerenciamento de Incidente – Solução de Contorno.

Alternativa correta: A

Solução de contorno (*workaround*) é a redução ou eliminação do impacto de um incidente ou problema para o qual uma resolução completa ainda não está disponível, por exemplo, reiniciar um Item de Configuração com falha. Soluções de contorno para problemas são documentadas nos **registros de erros conhecidos**. As soluções de contorno para incidentes que não possuem um registro de problema associado são documentadas nos **registro de incidentes**.

Questão 30: Publicação Operação de Serviço – Processo de Gerenciamento de Incidente - Atividades.

Alternativa correta: D

As atividades do processo de Gerenciamento de Incidente são:
1. Identificar Incidente.
2. Registrar Incidente.
3. Categorizar Incidente.
4. Priorizar Incidente.
5. Diagnosticar Inicialmente.
6. Escalonar Incidente.
7. Investigar e Diagnosticar.
8. Resolver e Recuperar.
9. Fechar Incidente.

Questão 31: Publicação Operação de Serviço – Processo de Gerenciamento de Problema.

Alternativa correta: C

Fornecer investigação e diagnóstico em primeiro nível e restaurar o serviço utilizando uma solução de contorno, são tarefas da Função Central de Serviço, não do processo de Gerenciamento de Problema.

230 • ITIL Foundation

São objetivos do processo de Gerenciamento de Problema:
- Gerenciar problemas durante todo o seu ciclo de vida.
- Prevenir problemas e incidentes resultantes.
- Eliminar incidentes recorrentes.
- Encontrar a causa-raiz do problema e aplicar uma solução definitiva para a solução do problema.
- Minimizar o impacto de incidentes que não podem ser prevenidos.

Questão 32: Publicação Operação de Serviço – Processo de Gerenciamento de Incidente – Solução de Contorno.

Alternativa correta: D

Uma Solução de Contorno é a redução ou eliminação do impacto de um incidente ou problema para o qual uma resolução completa ainda não está disponível, por exemplo, a reinicialização de um Item de Configuração com falha. Quando um técnico executa um roteiro para, temporariamente, desviar as impressões para uma impressora alternativa está adotando uma Solução de Contorno.

Questão 33: Publicação Operação de Serviço – Função Central de Serviços.

Alternativa correta: B

Estão corretos os itens I, II e III.

O Item IV está incorreto, pois quem manipula, profissionalmente, grandes volumes de ligações telefônicas para suportar serviço de televendas é a Função Central de Serviços implementada como *Call Center*.

Questão 34: Publicação Operação de Serviço – Função Central de Serviços – Tipos.

Alternativa correta: A

A Central de Serviços pode ser implementada nas modalidades de Central de Atendimento (*Call Center*), Central de Suporte (*Help Desk*) e Central de Serviços (*Service Desk*).

Questão 35: Publicação Operação de Serviço - Funções.

Alternativa correta: A

A) **Correta:** A publicação Operação de Serviço inclui as seguintes funções: Central de Serviço, Gerenciamento Técnico, Gerenciamento de Operações de TI e Gerenciamento de Aplicativo.

B) Incorreta: Gerenciamento de Conhecimento é um processo da publicação Transição de Serviço.

C) Incorreta: Gerenciamento de Fornecedor é um processo da publicação Desenho de Serviço.

D) Incorreta: Gerenciamento de Relacionamento de Negócio é um processo da publicação Estratégia de Serviço.

Questão 36: Publicação Operação de Serviço – Função Central de Serviços – Papéis.

Alternativa correta: D

O papel de Super Usuário é ocupado por usuários de Negócio que agem como um ponto de ligação com a TI em geral e com a Central de Serviço em particular. Sua responsabilidade inclui facilitar a comunicação entre TI e o Negócio no nível operacional, reforçar as expectativas de usuários a respeito aos Níveis de Serviço acordados e prover suporte para incidentes e requisições de serviço mais simples.

Questão 37: Publicação Operação de Serviço – Função Gerenciamento de Operações de TI - Subfunção Controle de Operações.

Alternativa correta: D

232 • ITIL Foundation

Gerenciamento de consoles, programação de Jobs, backup e restore e atividades de manutenção são de responsabilidade da subfunção Controle de Operações de TI da Função Gerenciamento de Operações de TI.

Equipamentos de energia e resfriamento são de responsabilidade da subfunção Gerenciamento de Instalações da Função Gerenciamento de Operações de TI.

Questão 38: Publicação Melhoria Contínua de Serviço - Processo de Melhoria de Sete Etapas.

Alternativa correta: D

A ordem correta das atividades do processo de Melhoria de Sete Etapas é:
1 - Identificar a estratégia de melhoria;
2 - Definir o que será medido;
3 - Coletar os dados;
4 - Processar os dados;
5 - Analisar as informações/dados;
6 - Apresentar/usar a informação;
7 - Implementar as melhorias.

Questão 39: Publicação Melhoria Contínua de Serviço - PDCA.

Alternativa correta: A

Plan-Do-Check-Act (PDCA) ou Planejar-Executar-Verificar-Agir (PEVA) é um ciclo de quatro etapas para o gerenciamento de processos, desenvolvido por Edward Deming. Planejar-Executar-Verificar-Agir é também conhecido por "Ciclo de Deming". Planejar – desenhar ou revisar processos que suportam os serviços de TI; Executar – implementar o plano e gerenciar os processos; Verificar – medir os processos e os serviços de TI, comparar com objetivos e gerar relatórios; Agir – planejar e implementar mudanças para melhorar os processos.

Capítulo 9 Simulado 7 • **233**

Questão 40: Publicação Melhoria Contínua de Serviço – Monitoração e medição.

Alternativa correta: A

As razões básicas para se monitorar e medir um processo ou serviço são para Validar, Direcionar, Justificar e Intervir.

Capítulo 10

Termos técnicos e definições

Os conceitos presentes neste capítulo foram baseados nos Glossários ITIL.

SIGLA	Termo em Inglês	Termo em Português	Descrição
ITIL®	Information Technology Infrastructure Library	Information Technology Infrastructure Library	É um conjunto de publicações que descreve as melhores práticas para o Gerenciamento de Serviços de TI.
	Stakeholder	Parte Interessada	É a pessoa que tem interesse em um projeto ou um serviço de TI.
	Core Service	Serviço Principal	É um serviço que entrega os resultados básicos desejados pelos clientes.
	Enabling Service	Serviço de Apoio	É um serviço que é necessário para entregar um serviço principal.
	Enhancing Service	Serviço Intensificador	É um serviço que é adicionado a um serviço principal para torná-lo mais atraente aos olhos do cliente.
	Utility	Utilidade	É uma funcionalidade oferecida por um produto ou serviço para atender a uma necessidade particular.
	Warranty	Garantia	É a promessa de que um produto ou serviço atenderá aos requisitos acordados.
	Resources	Recursos	É o termo genérico que inclui infraestrutura de TI, pessoas, dinheiro ou algo que possa ajudar a entregar serviços de TI.
	Capabilities	Habilidades	São as competências necessárias para entregar um serviço de TI.
	Role	Papel	São um conjunto de responsabilidades, atividades e autorizações concedidas a uma pessoa ou equipe.
	Process	Processo	É o conjunto de atividades definidas que combina recursos e capacidades para realizar um objetivo.
	Process Owner	Dono de Processo	É a pessoa responsável por garantir que um processo seja adequado para um propósito.

236 • ITIL Foundation

	Process Manager	Gerente de Processo	É um papel responsável pelo gerenciamento operacional de um processo.
	Service Owner	Dono de Serviço	É um papel responsável por gerenciar um ou mais serviços através de todo o seu ciclo de vida.
RACI	Responsible, Accountable, Consulted and Informed	Responsável, Prestador de Contas, Consultado e Informado	É um modelo que permite a definição de papéis e responsabilidades de cada indivíduo diante das atividades de um processo.
	Governance	Governança	É um conjunto de ações para garantir que estratégia e políticas sejam realmente implementadas e que os processos requeridos estejam sendo corretamente seguidos para zelar pela saúde da empresa.
	Service Strategy	Estratégia de Serviço	Publicação da ITIL® e fase do ciclo de vida de um serviço que define a perspectiva, a posição, os planos e os padrões que um provedor de serviço precisa executar para atender os resultados de Negócio da organização.
	Service Design	Desenho de Serviço	Publicação da ITIL® e fase do ciclo de vida de um serviço que inclui o desenho de serviços, as práticas que o regem e os processos e políticas requeridas para realizar a estratégia do Provedor de Serviço e facilitar a introdução de serviços nos ambientes suportados.
	Service Transition	Transição de Serviço	Publicação da ITIL® e fase do ciclo de vida de um serviço que garante que serviços novos, modificados ou obsoletos atendam às expectativas do Negócio.
	Service Operation	Operação de Serviço	Publicação da ITIL® e fase do ciclo de vida de um serviço que coordena e desempenha as atividades e os processos requeridos para entregar e gerenciar serviços em níveis acordados.

Capítulo 10 Termos técnicos e definições • **237**

CSI MCS	Continual Service Improvement	Melhoria Contínua de Serviço	Publicação da ITIL® que orienta para que os serviços estejam alinhados com as necessidades do Negócio por meio da identificação e da implementação de melhorias para os serviços de TI.
	Strategy Management for IT Services	Gerenciamento Estratégico para Serviços de TI	É o processo da Estratégia de Serviço responsável pela definição e manutenção da perspectiva, da posição, dos planos e padrões de uma organização com relação aos seus serviços de TI.
SPM GPS	Service Portfolio Management	Gerenciamento de Portfólio de Serviço	É o processo da Estratégia de Serviço responsável por gerenciar o Portfolio de Serviço, que garante que o Provedor de Serviço tenha a composição correta de serviços para atender aos resultados de Negócio em um nível adequado de investimento.
	Financial Management for IT Services	Gerenciamento Financeiro para Serviços de TI	É o processo da Estratégia de Serviço responsável pelo gerenciamento dos requisitos do planejamento orçamentário, da contabilidade e de cobrança de um Provedor de Serviço de TI.
	Demand Management	Gerenciamento de Demanda	É o processo da Estratégia de Serviço responsável pelo entendimento, previsão e influência da demanda do cliente por serviços.
	Business Relationship Management	Gerenciamento de Relacionamento de Negócio	É o processo da Estratégia de Serviço responsável pela manutenção de um relacionamento positivo com os clientes.
	Design Coordination	Coordenação de Desenho	É o processo do Desenho de Serviço responsável pela coordenação de todas as atividades de desenho de serviço, seus processos e recursos.
SCM GCS	Service Catalogue Management	Gerenciamento de Catálogo de Serviço	É o processo do Desenho de Serviço responsável por fornecer e manter o catálogo de serviço e por garantir que esteja disponível àqueles autorizados a acessá-lo.

238 • ITIL Foundation

SLM GNS	Service Level Management	Gerenciamento de Nível de Serviço	É o processo do Desenho de Serviço responsável pela negociação de Acordos de Nível de Serviço e por garantir que todos eles sejam alcançados.
AM GD	Availability Management	Gerenciamento de Disponibilidade	É o processo do Desenho de Serviço responsável por garantir que os serviços de TI atendam às necessidades atuais e futuras de disponibilidade do Negócio.
	Capacity Management	Gerenciamento de Capacidade	É o processo do Desenho de Serviço responsável por garantir que a capacidade dos serviços de TI e a infraestrutura de TI sejam capazes de atender aos requisitos relacionados à capacidade e ao desempenho acordados.
ITS-CM GCSTI	IT Service Continuity Management	Gerenciamento de Continuidade de Serviços de TI	É o processo do Desenho de Serviço responsável pelo gerenciamento de riscos que podem impactar seriamente os serviços de TI.
ISM GSI	Information Security Management	Gerenciamento de Segurança da Informação	É o processo do Desenho de Serviço responsável por garantir que a confidencialidade, integridade e disponibilidade dos ativos, informações, dados e serviços de TI correspondam às necessidades acordadas do Negócio.
	Supplier Management	Gerenciamento de Fornecedor	É o processo do Desenho de Serviço responsável por obter valor com o gasto realizado com fornecedores, garantindo que todos os contratos e acordos com fornecedores deem suporte às necessidades do Negócio e que todos os fornecedores cumpram seus compromissos contratuais.
	Transition Planning and Support	Planejamento e Suporte da Transição	É o processo da Transição de Serviço responsável pelo planejamento de todos os processos de transição de serviços e coordenação dos recursos que eles requerem.

Capítulo 10   Termos técnicos e definições   •   **239**

	Change Management	Gerenciamento de Mudança	É o processo da Transição de Serviço responsável pelo controle de todas as mudanças, permitindo que as benéficas sejam feitas com o mínimo de interrupção dos serviços de TI.
SACM GCAS	Service Asset and Configuration Management	Gerenciamento de Configuração e de Ativo de Serviço	É o processo da Transição de Serviço responsável por garantir que os ativos requeridos para entregar serviços sejam devidamente controlados e que informações precisas e confiáveis sobre esses ativos estejam disponíveis quando e onde forem necessárias.
	Release and Deployment Management	Gerenciamento de Liberação e Implantação	É o processo da Transição de Serviço responsável por planejar, programar e controlar a construção, o teste e a implantação de liberações, e por entregar novas funcionalidades exigidas pelo Negócio além de proteger a integridade dos serviços existentes.
	Service Validation and Testing	Validação e Teste de Serviço	É o processo da Transição de Serviço responsável pela validação e teste de um serviço de TI novo ou modificado.
	Change Evaluation	Avaliação de Mudança	É o processo da Transição de Serviço responsável pela avaliação formal de um serviço de TI novo ou modificado para garantir que os riscos tenham sido gerenciados e para ajudar a determinar se a mudança deve ser autorizada.
	Knowledge Management	Gerenciamento de Conhecimento	É o processo da publicação Transição de Serviço responsável por compartilhar perspectivas, ideias, experiência e informações, e por garantir que estejam disponíveis no lugar certo e no momento certo.
	Event Management	Gerenciamento de Evento	É o processo da Operação de Serviço responsável por monitorar o serviço de TI e detectar quando o desempenho cai abaixo dos limites aceitáveis.

240 • ITIL Foundation

Incident Management	Gerenciamento de Incidente	É o processo da Operação de Serviço responsável por garantir que a operação normal de um serviço seja restaurada rapidamente e que o impacto no Negócio seja minimizado.
Request Fulfilment	Cumprimento de Requisição	É o processo da Operação de Serviço responsável principalmente pela obtenção e entrega de serviços padrões requisitados.
Problem Management	Gerenciamento de Problema	É o processo da Operação de Serviço responsável por prevenir proativamente a ocorrência de incidentes e minimizar o impacto dos incidentes que não podem ser evitados.
Access Management	Gerenciamento de Acesso	É o processo da Operação de Serviço responsável por permitir que os usuários façam uso de serviços, dados ou outros ativos de TI.
Seven-step Improvement Process	Processo de Melhoria de 7 Etapas	É o processo da Melhoria Contínua de Serviço responsável pela definição e gerenciamento das etapas necessárias para identificar, definir, coletar, processar, analisar, apresentar e implementar melhorias.
Service Desk	Central de Serviço	É uma Função que representa um ponto único de contato entre o Provedor de Serviço e os usuários. Normalmente gerencia incidentes, requisições de serviço e realiza a comunicação com os usuários.
Technical Management	Gerenciamento Técnico	É a Função responsável por fornecer habilidades técnicas para o suporte de serviços de TI e o gerenciamento de infraestrutura de TI.
IT Operations Management	Gerenciamento de Operações de TI	É a Função dentro de um provedor de serviço de TI que realiza as atividades diárias necessárias para o gerenciamento de um ou mais serviços de TI e da Infraestrutura de TI de que eles dependem.

Capítulo 10 Termos técnicos e definições • **241**

	IT Operations Control	Controle de Operações de TI	É a subfunção da Função Gerenciamento de Operações de TI responsável pela monitoração e controle dos serviços e da infraestrutura de TI.
	Facilities Management	Gerenciamento de Instalações	É a subfunção da Função Gerenciamento de Operações de TI responsável pelo gerenciamento do ambiente físico, onde a infraestrutura de TI está localizada.
	Application Management	Gerenciamento de Aplicativo	É a Função responsável por gerenciar aplicativos durante os seus ciclos de vida.
	Service Pipeline	Funil de Serviço	É um banco de dados ou documento que lista todos os serviços de TI que estão em desenvolvimento, mas que ainda não estão disponíveis aos clientes.
	Service Portfolio	Portfólio de Serviço	É o conjunto completo de serviços que é gerenciado por um Provedor de Serviço.
	Business Case	Caso de Negócio	Inclui informação sobre custos, benefícios, imprevistos, riscos e possíveis problemas.
	Budgeting	Planejamento Orçamentário	É a atividade de prever e controlar o gasto de dinheiro relacionado aos serviços de TI.
	Accounting	Contabilidade	É o processo responsável pela identificação dos custos reais da entrega de serviços de TI, comparando esses com os custos previstos no orçamento e gerenciando variações.
	Charging	Cobrança	É a atividade de requerer pagamento pela prestação de serviços de TI.
PBA PAN	Pattern Of Business Activity	Padrão de Atividade de Negócio	É um perfil de carga de trabalho de uma ou mais atividades de Negócio.

242 • ITIL Foundation

CMS SGC	Configuration Management System	Sistema de Gerenciamento de Configuração	É um conjunto de ferramentas, dados e informações que é usado para dar suporte ao Gerenciamento de Configuração e Ativo de Serviço.
	Dashboard	Console	É uma representação gráfica da disponibilidade e desempenho do serviço de TI.
SDP PDS	Service Design Package	Pacote de Desenho de Serviço	É um documento que define todos os aspectos de um serviço de TI e seus requisitos em cada fase do seu ciclo de vida do serviço.
TCO CTP	Total Cost Of Ownership	Custo Total de Propriedade	É uma metodologia usada para ajudar a tomar decisões sobre investimentos.
	Insourcing	Internalização	É um modelo de fornecimento de serviço que consiste em usar um provedor de serviço interno para gerenciar serviços de TI.
	Outsourcing	Terceirização	É um modelo de fornecimento de serviço consiste em usar um provedor de serviço externo para gerenciar serviços de TI.
	Partnership	Parceria	É um modelo de fornecimento de serviço que consiste em um relacionamento entre duas organizações que trabalham em conjunto para alcançar objetivos comuns ou obter benefícios mútuos.
BPO TPN	Business Process Outsourcing	Terceirização de Processos de Negócio	É um modelo de fornecimento de serviço que envolve a terceirização não somente de um serviço, mas de uma cadeia de processos que pode entregar vários serviços aos clientes.
KPO TPC	Knowledge Process Outsourcing	Terceirização de Processos de Conhecimento	É um modelo de fornecimento de serviço onde o conhecimento é visto como um produto.
	Service Catalogue	Catálogo de Serviço	É um banco de dados ou documento com informações sobre todos os serviços de TI de produção, incluindo aqueles disponíveis para implantação.

Capítulo 10 Termos técnicos e definições • 243

SLA	Service Level	Acordo de Nível de	É um acordo entre um provedor de serviço de TI e um cliente que descreve o serviço de TI, documenta Metas de Nível de serviço e especifica as responsabilidades de cada um.
ANS	Agreement	Serviço	
	Service Level Target	Meta de Nível de Serviço	É um compromisso que é documentado em um Acordo de Nível de Serviço.
	Business Service Catalogue	Catálogo de Serviço de Negócio	É um catálogo que contém detalhes de todos os serviços de TI entregues ao cliente, juntamente com os relacionamentos para as Unidades de Negócio e processos de Negócio que dependem dos serviços de TI.
	Technical Service Catalogue	Catálogo de Serviço Técnico	É um catálogo que contém detalhes de todos os serviços de TI entregues ao cliente, juntamente com os relacionamentos para os serviços de suporte, serviços compartilhados, componentes e Itens de Configuração necessários para suportar a provisão de serviço ao Negócio.
	Service Catalogue Manager	Gerente de Catálogo de Serviço	É o papel responsável por produzir e manter o Catálogo de Serviço.
	SLAM Chart	Gráfico MANS	É um gráfico de monitoração do Acordo de Nível de Serviço que é usado para ajudar a monitorar e reportar resultados atingidos em comparação com Metas de Nível de Serviço definidas.
	Service Level Requirement	Requisito de Nível de Serviço	É um requisito do cliente para um aspecto de um serviço de TI.
	Service Improvement Program	Plano de Melhoria de Serviço	É um plano formal para implementar melhoria em um processo ou serviço de TI.
OLA	Operational Level	Acordo de Nível	É um acordo entre um Provedor de Serviço de TI e outra parte da mesma organização para dar apoio à entrega, pelo Provedor de Serviço de TI, de serviços de TI aos clientes.
ANO	Agreement	Operacional	

244 • ITIL Foundation

UC	Underpinning		É um contrato entre um Provedor de Serviço de TI e um terceiro, onde o terceiro fornece produtos ou serviços que são necessários para o fornecimento de um serviço de TI a um cliente.
CA	Contract	Contrato de Apoio	
KPI	Key Performance	Indicador-Chave de Desempenho	É uma métrica (importante) que é usada para ajudar a gerenciar um serviço, processo, plano, projeto ou outra atividade de TI.
ICD	Indicator		
	Service Level Manager	Gerente de Nível de Serviço	É o papel responsável por garantir que os objetivos do processo de Gerenciamento de Nível de Serviço sejam atingidos.
MTBF	Mean Time Between	Tempo Médio Entre	É uma métrica para medir e relatar a confiabilidade. O TMEF é o tempo médio em que um serviço de TI ou outro Item de Configuração consegue realizar a sua função sem interrupção.
TMEF	Failures	Falhas	
MTBSI	Mean Time Between	Tempo Médio Entre	É uma métrica usada para medir e relatar a confiabilidade. Trata-se do tempo médio desde quando um sistema ou serviço de TI falha, até a sua próxima falha.
TMEIS	Service Incidents	Incidentes de Serviço	
VBF	Vital Business	Função de Negócio Vital	É parte de um Processo de Negócio que é crítica para o sucesso do Negócio.
FNV	Function		
AMIS	Availability Management Information System	Sistema de Informação do Gerenciamento de Disponibilidade	É um conjunto de ferramentas, dados e informações que é usado para dar suporte ao Gerenciamento de Disponibilidade.
SIGD			
	Availability Manager	Gerente de Disponibilidade	É o papel responsável por garantir que os objetivos do processo de Gerenciamento de Disponibilidade sejam atingidos.

Capítulo 10 Termos técnicos e definições • **245**

MTRS TMRS	Mean Time to Restore Service	Tempo Médio para Restaurar Serviço	É o tempo médio gasto para restaurar um serviço de TI ou Item de Configuração após uma falha. É medido a partir do momento em que o Item de Configuração falha até quando ele estiver completamente restaurado e executando a sua função normalmente.
CCM GCC	Component Capacity Management	Gerenciamento de Capacidade de Componente	É o subprocesso do Gerenciamento de Capacidade responsável pelo entendimento da capacidade, uso e desempenho dos Itens de Configuração.
SCM GCS	Service Capacity Management	Gerenciamento de Capacidade de Serviço	É o subprocesso do Gerenciamento de Capacidade responsável pelo entendimento do desempenho e da capacidade dos serviços de TI.
BCM GCN	Business Capacity Management	Gerenciamento de Capacidade de Negócio	É o subprocesso do Gerenciamento de Capacidade responsável pelo entendimento de requisitos de Negócio futuros para uso no Plano da Capacidade.
CMIS SIGC	Capacity Management Information System	Sistema de Informação do Gerenciamento de Capacidade	É um conjunto de ferramentas, dados e informações que é usado para dar suporte ao Gerenciamento de Capacidade.
	Capacity Manager	Gerente de Capacidade	É o papel responsável por garantir que os objetivos do processo de Gerenciamento de Capacidade sejam atendidos.
BIA AIN	Business Impact Analysis	Análise de Impacto no Negócio	É a atividade no Gerenciamento de Continuidade de Negócio que identifica Funções de Negócio Vitais e as suas dependências.
BCM GCN	Business Continuity Management	Gerenciamento de Continuidade de Negócio	É o Processo de Negócio responsável pelo gerenciamento de risco que pode impactar intensamente o Negócio.

246 • ITIL Foundation

	Vulnerability	Vulnerabilidade	É um ponto fraco que pode ser explorado por uma ameaça.
	Threat	Ameaça	É qualquer coisa que pode explorar uma vulnerabilidade.
	TI Service Continuity Manager	Gerente de Continuidade de Serviços de TI	É o papel responsável por garantir que os objetivos do processo de Gerenciamento de Continuidade de Serviços de TI sejam atendidos.
	Information Security Policy	Política de Segurança da Informação	É a política que governa a abordagem da organização quanto ao Gerenciamento de Segurança da Informação.
	Confidentiality	Confidencialidade	É um princípio de segurança que requer que dados devam somente ser acessados por pessoas autorizadas.
	Integrity	Integridade	É um princípio de segurança que garante que dados e Itens de Configuração somente sejam modificados por pessoas e atividades autorizadas.
	Availability	Disponibilidade	É a habilidade de um serviço de TI ou outro Item de Configuração de desempenhar a função acordada quando requerido.
ISMS SGSI	Information Security Management System	Sistema de Gerenciamento de Segurança da Informação	É a estrutura de políticas, processos, funções, normas, orientações e ferramentas que garantem que uma organização possa atingir seus objetivos de Gerenciamento de Segurança da Informação.
	Security Manager	Gerente de Segurança	É o papel responsável por garantir que os objetivos do processo de Gerenciamento de Segurança da Informação sejam atendidos.
	Supplier	Fornecedor	É um terceiro responsável por fornecer produtos ou serviços que são necessários para entregar serviços de TI.

Capítulo 10 Termos técnicos e definições • **247**

	External Service Provider	Provedor de Serviço Externo	É um Provedor de Serviço de TI que é parte de uma organização diferente do seu cliente.
	Internal Service Provider	Provedor de Serviço Interno	É um Provedor de Serviço de TI que é parte da mesma organização do seu cliente.
	Shared Service Provider	Provedor de Serviço Compartilhado	É um Provedor de Serviço de TI que atende várias unidades de Negócio dentro da organização. Ocorre quando existe uma unidade de TI para atender todas as Unidades de Negócio ou filiais da organização.
	Service Provider	Provedor de Serviço	Uma organização que provê serviços para um ou mais clientes internos ou externos.
SCDB BDFC	Supplier And Contract Database	Base de Dados de Fornecedor e Contrato	É uma base de dados ou documento utilizado para gerenciar os contratos dos fornecedores.
SKMS	Service Knowledge Management System	Sistema de Gerenciamento de Conhecimento de Serviço	É um conjunto de ferramentas e bancos de dados que são usados para gerenciar conhecimento, informações e dados.
	Supplier Managger	Gerente de Fornecedores	É o papel responsável por garantir que os objetivos do processo de Gerenciamento de Fornecedores sejam alcançados.
	Service Change	Mudança de Serviço	É a adição, modificação ou remoção de serviço autorizado, planejado ou suportado ou componente do serviço e sua documentação.
	Change Proposal	Proposta de Mudança	É um documento que inclui uma descrição de alto nível de uma potencial introdução de serviço ou mudança significativa, junto com um Caso de Negócio correspondente e um cronograma de implementação.
RFC RDM	Change Request	Requisição de Mudança	É o pedido formal de realização de uma mudança.

248 • ITIL Foundation

	Change Model	Modelo de Mudança	É uma forma repetível de lidar com uma categoria específica de mudança que define etapas predefinidas que serão seguidas para uma mudança dessa categoria.
	Remediation	Remediação	São ações tomadas para recuperação após uma mudança ou liberação que falhou.
	Normal Change	Mudança Normal	É uma mudança complexa, que apresenta riscos desconhecidos e segue procedimentos ou instruções de trabalho não padronizados.
	Emergency Change	Mudança Emergencial	É uma mudança que deve ser introduzida o mais rápido possível.
	Standard Change	Mudança Padrão	É uma mudança pré-autorizada que apresenta baixo risco, é relativamente comum e segue um procedimento ou instrução de trabalho pré-estabelecido.
CAB CCM	Change Advisory Board	Comitê Consultivo de Mudança	É um organismo formado por um conjunto de pessoas que suportam a avaliação, priorização, autorização e programação de mudanças.
ECAB CCME	Emergency Change Advisory Board	Comitê Consultivo de Mudança Emergencial	É um subgrupo do Comitê Consultivo de Mudança que toma decisões sobre mudanças emergenciais.
	The Seven R's of Change Management	Os 7 R's do Gerenciamento de Mudança	São sete questões que devem ser respondidas para todas as mudanças.
	Change Manager	Gerente de Mudança	É o papel responsável por garantir que os objetivos do processo de Gerenciamento de Mudança sejam alcançados.
	Configuration Model	Modelo de Configuração	É um modelo que apresenta uma visão de serviços, ativos e infraestrutura, registrando, controlando e relatando versões, atributos e relacionamentos entre os Itens de Configuração.

CI	Configuration Item	Itens de Configuração	É qualquer componente ou Ativo de Serviço que precise ser gerenciado de forma a entregar um serviço de TI.
CMS SGC	Configuration Management System	Sistema de Gerenciamento da Configuração	É um conjunto de ferramentas, dados e informações que é usado para dar suporte ao Gerenciamento de Configuração e Ativo de Serviço.
	Definitive Spares	Sobressalentes Definitivos	É uma área para atendimento local, separada do Depósito Seguro onde deve ser mantido um estoque de sobressalentes de hardware.
DML BMD	Definitive Media Library	Biblioteca de Mídia Definitiva	É uma ou mais localidades em que as versões definitivas e autorizadas de todos os Itens de Configuração de software são armazenadas de maneira segura.
	Configuration Baseline	Linha de Base da Configuração	É uma linha de base de uma configuração que tenha sido formalmente acordada e é gerenciada através do processo de Gerenciamento de Mudança. Uma linha de base da configuração é usada como base para futuras construções, liberações e mudanças.
	Snapshot	Quadro Instantâneo	É o estado atual de um Item de Configuração, processo ou qualquer outro conjunto de dados registrado em um determinado ponto no tempo.
	Service Asset Manager	Gerente de Ativo de Serviço	É o papel responsável por definir políticas e padrões para o Gerenciamento de Ativo de Serviço e garantir sua eficiência e eficácia.
	Configuration Manager	Gerente de Configuração	É o papel responsável por implementar políticas e padrões para o Gerenciamento de Configuração e Ativo de Serviço, planejar a população do Sistema de Gerenciamento da Configuração, bibliotecas centrais etc.

250 • ITIL Foundation

Release Design	Desenho de Liberação	As liberações podem ser desenhadas para serem implantadas das seguintes maneiras: — por fases x big bang — empurrar x puxar — manual x automatizada.
Release Package	Pacote de Liberação	É um conjunto de Itens de Configuração que será construído, testado e implantado ao mesmo tempo, como uma única liberação.
V-Model	Modelo V	É um modelo que define critérios de aceitação para requisitos estabelecidos, de acordo com a fase de desenvolvimento do serviço.
Release And Deployment Manager	Gerente de Liberação e Implantação	É o papel responsável pelo planejamento, desenho, construção, configuração e teste de todo software e ferramenta para criar o Pacote de Liberação para a entrega ou para a mudança de um serviço.
Alert	Alerta	É uma notificação de que certo limite foi atingido, algo mudou ou uma falha ocorreu.
Event	Evento	É uma mudança de estado que possui significado para o gerenciamento de um Item de Configuração ou serviço de TI.
Incident	Incidente	É uma interrupção não planejada de um serviço de TI ou uma redução da sua qualidade.
Urgency	Urgência	É uma medida de quanto tempo um incidente, problema ou mudança irá levar até que tenha um impacto significativo no Negócio.
Impact	Impacto	É uma medida do efeito de um incidente, problema ou mudança em processos do negócio.
Priority	Prioridade	É uma categoria usada para identificar a importância relativa de um incidente, problema ou mudança.

Capítulo 10 Termos técnicos e definições • 251

	Workaround	Solução de Contorno	É a redução ou eliminação do impacto de um incidente ou problema para o qual uma resolução completa ainda não está disponível.
	Incident Model	Modelo de Incidente	É uma forma de predefinir os passos que devem ser seguidos para lidar com um incidente.
	Major Incidents	Incidentes Graves	São incidentes que têm alta prioridade e alto impacto no Negócio.
	Incident Manager	Gerente de Incidentes	É o papel responsável por desenvolver e manter o processo de Gerenciamento de Incidente.
	Service Request	Requisição de Serviço	É uma requisição formal de um usuário para algo a ser fornecido, por exemplo, por informação, orientação ou para uma mudança padrão.
	Problem	Problema	É a causa raiz de um ou mais incidentes.
	Known Error	Erro Conhecido	É um problema que possui uma causa raiz e uma solução de contorno documentado.
KEDB BDEC	Known Error Database	Banco de Dados de Erro Conhecido	É um banco de dados que contém todos os registros de erros conhecidos.
	Problem Manager	Gerente de Problemas	É o papel responsável por desenvolver e manter o processo de Gerenciamento de Problema.
	Identity	Identidade	É a informação sobre o usuário, que o distingue dos demais e que demostra sua situação na organização.
	Rights	Direitos ou Privilégios	É a concessão de acesso ou de permissões para um usuário ou papel.
	Access	Acesso	É o nível e extensão da funcionalidade de um serviço que é permitido a um usuário utilizar.

	Directory Service	Serviço de Diretório	É um aplicativo que gerencia informações sobre a infraestrutura de TI disponíveis numa rede e os correspondentes direitos de acesso de usuário.
	Call Center	Central de Atendimento	É uma central que manipula grandes volumes de ligações telefônicas para suportar serviços de televendas.
	Help Desk	Central de Suporte	É uma central que gerencia, coordena e resolve incidentes rapidamente e assegura que nenhuma solicitação seja perdida esquecida ou ignorada.
	Follow the Sun	Siga o Sol	É uma modalidade de Central de Serviço que prover serviços em regime 24/7. Chamadas, incidentes, problemas e requisições de serviço são encaminhados para os grupos que estão em diferentes fusos horários.
PDCA PEVA	Plan-Do-Check--Act	Planejar-Executar--Verificar-Agir	É um ciclo de quatro etapas para o gerenciamento de processo, desenvolvido por Edward Deming.
	IT Infrastructure	Infraestrutura de TI	É composta por todo o hardware, software, redes, instalações etc., que são necessárias para desenvolver, testar, entregar, monitorar, controlar ou suportar aplicativos e serviços de TI.
	IT Service Management (ITSM)	Gerenciamento de Serviço de TI (GSTI)	É a implementação e o gerenciamento da qualidade dos serviços de TI que é feito pelos Provedores de Serviço de TI por meio da combinação adequada de pessoas, processo e tecnologia da informação para atender as necessidades do Negócio.
	IT Service Provider	Provedor de Serviço de TI	É um Provedor de Serviço que fornece serviços de TI para clientes internos ou externos.

Capítulo 10 Termos técnicos e definições • **253**

IT	Information	Tecnologia da	É o uso da tecnologia para o armazenamento, comunicação ou
TI	Technology	Informação	processamento da informação.
	Lifecycle	Ciclo de Vida	São as várias etapas na vida de um serviço de TI, Item de Configuração, incidente, problema, mudança etc. Define as categorias para status e as transições de status que são permitidas.
	Monitoring	Monitoração	É a observação repetitiva de um Item de Configuração, serviço de TI ou processo para detectar eventos e garantir que o status atual seja conhecido.
	Recovery	Recuperação	É a ação de retornar um Item de Configuração ou serviço de TI a seu estado de funcionamento normal.
	Requirement	Requisito	É uma declaração formal daquilo que é necessário.
	Resilience	Resiliência	É a habilidade de um serviço de TI ou Item de Configuração de resistir à falha ou de se recuperar de maneira oportuna depois de uma falha.
ROI RDI	Return on Investment	Retorno do Investimento	É uma medida do benefício esperado de um investimento, ou seja, é o lucro líquido de um investimento dividido pelo valor líquido dos ativos investidos.
	Root Cause	Causa Raiz	É a causa desconhecida ou original de um incidente ou problema.
SIP PMS	Service Improvement Plan	Plano de Melhoria de Serviço	É um plano formal para implementar melhorias a um processo ou serviço de TI.
	Super User	Superusuário	É um usuário que ajuda outros usuários e ajuda na comunicação com a Central de Serviço ou outras partes do fornecedor de serviço.

Referências

FERNANDES, Aguinaldo Aragon. Implantando a Governança de TI: da estratégia à Gestão dos processos e serviços. 3a. ed. Rio de Janeiro: Brasport, 2012.

FREITAS, Marcos André dos Santos. Fundamentos do Gerenciamento de Serviços de TI: preparatório para a certificação ITIL® v3 *Foundation*. Rio de Janeiro: Brasport, 2010.

ITPASSPORT. Apostila do curso preparatório para a certificação ITIL® *Foundation*. <www.itpassport.com.br>

CANALTECH Corporate. Entenda a real importância da certificação para os profissionais de TI. Disponível em:
<http://corporate.canaltech.com.br/materia/profissional-de-ti/Entenda-
-a-real-importancia-da-certificacao-para-os-profissionais-de-TI/>. Escrito em: Agosto de 2012.

TIEXAMES. Esquema de qualificação da ITIL. Disponível em: http://
tiexames.com.br/ITIL3_esquema_certificacao.php

Global Knowledge. 15 Top Paying Certifications for 2013. Disponível em:
<http://www.globalknowledge.com/training/generic.asp?pageid=3430&coun
try=United+States>. Escrito em: Março de 2013.

CIO.COM. 23 IT Certifications That Mean Higher Pay. Disponível em:
<http://www.cio.com/article/715529/23_IT_Certifications_That_Mean_Hi-
gher_Pay>. Escrito em: Março de 2013.

ITIL Official Site. ITIL Glossários . Disponível em:
<http://www.itil-officialsite.com/InternationalActivities/ITILGlossa-
ries_2.aspx>.

256 • ITIL Foundation

HANNA, Ashley; RANCE, Stuart. ITIL® glossary and abbreviations English. Disponível em:
<www.itil-officialsite.com/InternationalActivities/TranslatedGlossaries.aspx>

WIKIPEDIA. Information Technology Infrastructure Library. Disponível em:
<http://en.wikipedia.org/wiki/Information_Technology_Infrastructure_Library#Continual_service_improvement_.28CSI.29>

Impressão e acabamento
Gráfica da Editora Ciência Moderna Ltda.
Tel: (21) 2201-6662